社会服务学习概论

INTRODUCTION TO SOCIAL SERVICE LEARNING

主　　编◎顾林生
副主编◎李旭东　　侯永振
编委会◎王玉滨　　蔡明月　　李欣纯　　靳　博
　　　　李　璇　　吕卓瑶　　张佳茜

四川大学出版社

责任编辑:曾　鑫
责任校对:许　奕
封面设计:严春艳
责任印制:王　炜

图书在版编目(CIP)数据

社会服务学习概论 / 顾林生主编. —成都:四川
大学出版社,2016.1(2023.9重印)
ISBN 978－7－5614－9299－4

Ⅰ.①社… Ⅱ.①顾… Ⅲ.①社会服务－高等学校－
教材 Ⅳ.①C916

中国版本图书馆 CIP 数据核字（2016）第 024803 号

书名　社会服务学习概论
SHEHUI FUWU XUEXI GAILUN

主　　编　顾林生
出　　版　四川大学出版社
地　　址　成都市一环路南一段 24 号 (610065)
发　　行　四川大学出版社
书　　号　ISBN 978－7－5614－9299－4
印　　刷　永清县晔盛亚胶印有限公司
成品尺寸　170 mm×240 mm
印　　张　9.75
字　　数　176 千字
版　　次　2016 年 6 月第 1 版
印　　次　2023 年 9 月第 2 次印刷
定　　价　48.00 元

◆读者邮购本书,请与本社发行科联系。
　电话:(028)85408408/(028)85401670/
　(028)85408023　邮政编码:610065
◆本社图书如有印装质量问题,请
　寄回出版社调换。
◆网址:http://press.scu.edu.cn

前　言

　　服务学习，是 20 世纪在美国兴起的一种新型的教学和学习模式。虽然形成时间不长，但是发展迅猛，在很长一段时间内，被认为同教学和研究一起构成高等教育的三大任务。服务学习，是让参与者有机会在服务社会的经历中学习，运用和检验自己的专业知识，或发挥、认识自己的潜在能力，同时将自身融入到社会大家庭中，力所能及地服务于更多需要帮助的人，从而营造具有强烈主动性、凝聚力和责任意识的社会氛围，为学生作为合格的未来社会公民与世界公民打好基础。因此，近年来世界上越来越多的高校认识并引入服务学习的概念和模式，把它作为一个合理有益的手段引导学生参与到富有实践性的学习体验中。在中国大陆，服务学习起步较晚，主要还是集中在理论研究评述和综述方面，真正开展课程的高校很少。四川大学近年来一直在探索适合实际需求的服务学习课程及其发展模式，并在全校范围内开设服务学习文化素质公选课。本书主要是在总结和借鉴国内外服务学习发展经验，广泛征求专家学者、学生意见的基础上编写而成的，希望作为学生的教材读物发挥作用。同时，本书也适合从事该领域研究的人员参考学习。

　　本书主要从服务学习的基本概念界定、服务学习的发展历史、服务学习的特点、服务学习与当代大学生的责任、服务学习的本土化、服务学习案例、四川大学的实践等部分来编写，通过理论分析、实践案例、图表等形象生动地诠释服务学习概念和活动，力图让这一较为新颖的学习模式被学生理解和接受，并指导服务学习的工作实践。

　　全书由 7 章组成，参与本书编写的有顾林生、李旭东、侯永振、王玉滨、蔡明月、李欣纯、靳博、李璇、吕卓瑶、张佳茜等师生。周静怡、武晨、王文治、田利凤、练佳春等"减灾服务学习与公益领袖培养"课程的学生和四川大学服务学习研究会的同学为资料收集和修改做了相关工作。全书由顾林生统稿完成。本书在编写的过程中，得到了中国台湾地区辅仁大学服务学习中心、香港扶青社、香港理工大学、云南大学服务学习中心、四川大学灾害教育中心、四川大学服务学习研究会、四川大学义梦协会等单位的支持和帮助，并得到四川大学社科处资助出版，在此付梓出版之际，谨向他们表示衷心的感谢！

由于编者水平有限，书中难免有疏漏和不当之处，恳请读者批评指正。

编　者

2016 年 5 月于四川大学

目　　录

第一章　服务学习的概念

1.1　什么是服务学习

服务学习是把传统正规的课堂教学和社区服务体验相结合，具有实用性、渐进性的新型教育方式的特点。良好的服务学习教育将会使学生在参与学习和实践的过程中思考并领悟服务体验和课程真谛，从而获得对专业知识的进一步了解，升华思想境界，提升解决问题的能力，并且了解其自身作为一个公民所要承担的社会责任。

服务学习蕴含一种哲学理念，它不断挖掘青年人的潜力，用积极光明的方式引导他们服务社会，推动青年人之间的思维碰撞和情感沟通。在服务学习过程中，青年人特有的热情和积极性被唤醒，学会以主人翁的姿态去影响和改变社会生活中一点一滴的不满和缺失，细微而深邃，无私而伟大①。

学生刚开始进行服务学习的时候可能遇到一些困难，对接触到的一些社会问题感到惊讶、陌生并迷茫，这是常有的事。思考、磨砺并解决问题的过程对青年人的成长尤为重要，激发他们的多重潜能，在某种程度上改造着他们的世界观和价值观。

1.2　服务学习的目的

近年来许多高校越来越多地认识并引入服务学习的概念，把它作为一个合理有益的手段，引导学生参与到富有实践性的学习体验中。尽管服务学习的方式各有不同，其首要目的是让参与者有机会在服务社会的经历中学习、

---

① 服务与学习的定义参考：蓝采风，许为民. 服务学习在高等教育中的理论与实践［M］. 杭州：浙江大学出版社，2011：3.

运用和检验自己的专业知识，同时将自身融入社会大家庭中，力所能及地服务更多需要帮助的人，从而营造具有强烈主动性、凝聚力和责任意识的社会氛围，将服务学习的触角伸向四面八方。因此，服务学习的含义比志愿服务更严谨，更具有动态性、互动性和针对性，学习在其中扮演了十分重要的角色。它对参与者的要求也更高，更强调智慧、创造力和服务精神的统一。

1.3　服务学习的定义理解

1.3.1　明确而真实的学习目标

服务学习的主要目的是学生的学习方式的改善和人格的发展，学校的服务型学习必须始终与学校课程相联系，与学生在一定学段、年龄需要达到的学术标准（学科课程标准）相联系。某种意义上，服务学习就是另一种形式的课程传授，在这个过程中，学生应该树立明确而真实的学习目标：通过从事这项服务型学习可以收获哪些技能和情感，如何把课堂所学到的知识运用到实践，怎样看待这个领域当前的现状，如何解决遇到的困难，应当培养怎样的职业敏感和公民责任，等等。

1.3.2　适应真实的社区需要

服务学习的意义之一是帮助学生明白为什么而学习和学习能为他们带来什么，把抽象的知识具体化，体现了社区作为人们生活的大家庭的实际意义。社区的需要就是每一个身处其中的个体的需要，满足社区的真实需要不仅是为服务型学习的过程营造良好的环境，也是人们寻找学习意义的过程。养老院帮助孤寡老人、为环境保护发起运动、给年幼的孩童提供生活和学习指导、帮助农民种地植树等，这些能够促进学生和社区工作者身份的有效融合，真正体现大学生作为一个社会人的责任使命，为今后服务社会奠定良好基础。

1.3.3　学生自己制定流程

在服务学习的过程中，从发现社区的需要和问题，到形成具体的服务和研究计划，再到具体执行计划和从事服务活动，最后到系统反思、评价研究和服务活动的过程和结果，这一系列环节都是由学生自己制定的。主动权把握在学生手里，更大程度上激发了学生的热情。而老师则扮演咨询者、指导者和建议者的角色，保证学生开展服务型学习的质量。

1.3.4 基于经验的反思贯穿全过程

服务学习要求学生将在课堂上学习知识后的惯性经验和实践中不断形成的新的经验加以对照，综合性地反思经验出现的原因、背景、过程和经验本身存在的意义，从而对服务型学习的成果有不断深入的理解。反思渗透于服务型学习的所有阶段，而由于服务型学习是一种经验学习，经验是建立在反思的基础上的，因此对于服务型学习而言，反思既是一种构成要素，又是一种教学方法。

我们可以从以下几个角度进行思考。

（1）对于学生来说，这意味着：

①积极地学习而不仅仅是听课学习，将提高自我的综合素质，勇于把所学应用于实践。

②了解到一个活跃的公民个体应具有的能力，提升社会责任感。

③通过服务社区参加服务型学习，意识到其对一个人的生活带来的变化和影响（例如，为残疾人做心理辅导，辅导一个低年级的学生，帮助一个刚回国的老人）、对很多人的生活带来的变化和影响（例如，组织低年级学生暑期夏令营，参与一个住宅小区的勘察项目，为一个很危险的十字路口申请红绿灯等）。

（2）对于教职员工来说，这意味着：

①给学生提供一个机会去思考如何成为一个负责的社会成员，鼓舞他们在学习和服务过程中尽最大努力去指导学生，纠正学生的不足，并提出合理建议，适时地予以表扬。

②在进行服务型学习教育之后，进一步思考关于态度转变、服务经历对于个人和社区的影响，提升自己的社会责任感和使命感，为今后的研究与学习奠定基础，积累素材。

③就个人体验而言，参与服务项目是一个很好的教学经验，可以学会如何更好地与学生沟通、循序渐进、合理分工等。

（3）对于学校而言，这意味着：

①营造一个服务和参与的文化氛围，把服务、志愿、助人、学习的精神嵌入校园文化的建设中，让全校师生耳濡目染，受到良好的熏陶。

②承担教育学生成为合格公民的使命，开设更多的课程并提供充分的资源，给予学生更多的机会去参与服务，使其在服务中学习。

③担负更多服务社会的责任，为国家输送有为之才，发挥才能，改造社会，推进平等，互帮互助，保护弱小，热爱人民，振兴祖国①。

1.4 和传统志工服务的异同

1.4.1 志愿服务

志愿服务的本质是无私的，是一种出于自身主观意愿而不求回报的服务行为。服务型学习承接了志愿服务的人文关怀和无私理念，具备更强的专业性和针对性。

1.4.2 社区服务

社区服务和志愿服务相类似，相比于服务型学习而言，其"学习"的特性淡化了一些，它包含了更多的社会结构性质和参与者使命，更具有严肃性、社会性和系统性，与服务型学习的性质不谋而合。

1.4.3 实习

实习为学生提供了不同领域的实际操作经验，与志愿服务和社区服务不同的是，它更加强调针对性、专一性和深入性，不同的本科学习内容意味着不同的实习岗位。当然，还有很多内容需要跨学科式的学习。同时，学生的收获也更直接、更到位，对学生以后的职业生涯有很大帮助。服务型学习中的学习和实习中的学习几乎是一致的。

1.4.4 实地考察

实地考察和实习一样，对学生的益处都是巨大的。它和实习一样，都强调在服务和奉献的过程中学习，提高个人素质和专业技能。志愿服务、社区服务、实习和田野考察在某种程度上都是服务型学习核心价值的典型例子。

---

① 蓝采风，许为民. 服务学习在高等教育中的理论与实践 [M]. 杭州：浙江大学出版社，2011：5.

一般而言，差异主要体现在课时数和深度，共同的主旨在于给学生提供学以致用与真正参与的学习机会。它们对学生的影响会随着服务的不断开展而逐渐深入，关键点是这些收益如何量化：专业的深入挖掘、实践能力、收获的技能、未来领域的工作经验、看待自身和周围人视角的变化、社交能力的提升。

服务学习在国内外大学的实践中，有的是在大四或毕业前一学期进行的。有些学校称它为"毕业课程"（capstone course），而有些学校则在大一开始进行服务学习课程。有些服务学习的课程是单独的课程，有些则是在某个课程下，教师规定学生必须参加至少 5～10 小时的社区服务活动才能通过所选的课程。例如，"儿童早期干预"课程规定学生除了每星期按传统方式在课堂上课外，尚需在社区幼儿园做 10 小时的参与活动并写学习心得报告。又如"社会问题"课程，学生除了必须阅读特定的教科书，每周上课 3 小时，听取教授讲解有关社会问题的分析（范围或规范性、原因、政府政策及可能解决方案等）之外，还必须选择一个社会问题（有时由教授指定），由教授安排到相关机构（例如老人院、女性监狱）做 10～20 小时的实地访问。学生除了做经验记录外，学期结束时还得做反思报告。在反思报告中，学生必须强调此次服务型学习的感受，而且要提出一系列的问题。例如，为什么有些家庭无法照顾贫困生病的老人？为什么女性犯罪的数量在逐渐增加？为什么某些犯罪者会有某种价值观？社会如何协调这些人？等等。

总的来说，服务型学习的范围更广，难度更大，对学生的要求更高，是几种社会实践的交叉、融合和发展，学习在其中扮演的角色不亚于社会服务。在某些大学，它是作为必修课程，有严格的小时要求和限制；在另外一些大学，它则包含在小学期或寒暑假学分制服务实践中，或隶属于校内协会组织的志愿项目，学生达到一定要求便可参加，不属于强制项目。在北美、欧洲、日本、中国香港特区与中国台湾地区等地，服务学习开展较为成熟，也有一定的普及度。而在中国内地，仅有几所高校引进了这种学习模式，正在探索和推广，有待不断试验、纠正、完善和增加自身特色。随着越来越多的高等教育研究人员认知的提升，服务型学习的创新性和革命性不断被挖掘，这既是一个好势头，也是一个新开始。

1.5 服务学习和传统课程学习的异同

1.5.1 不同之处比较

服务学习和传统课程学习的不同之处比较如下：

	传统课堂	服务—学习课程
地点	教室	教室和社区
教师	教授	教授、督导、社区指导者、当事者、同伴
准备工作	制定读物、曾选过的课程、已有的知识储备和课前预习	制定读物加上选读、曾选过的课程、个人特质、服务地点访问、已有的知识储备、专业技能
学习	授课、作业、考试、认知、短期	授课、认知、作业、经验、考试、短期和长期
评估	教授	教授、督导、自我评估

1.5.2 学习方式比较

服务学习和传统课程学习的学习方式比较如下：

传统课堂	服务—学习课堂
重理论	重实践
被动、消极	主动、积极
讲课	讲课和培训
呆板、顺序性、指定性	灵活、弹性、随机应变
直线性学习	曲线型
特点结构，分章节	知识体系，整合性
单一型思维方式	多元性思考方式
演绎、推论	感应、归纳
课后评估	随时评估

1.6 服务学习的价值

服务学习的价值不言而喻。和未选修此课程的学生相比较，选择服务学习课程的学生在学习技能、生活技能以及公民发展上均有明显提升，而且比未修此课程的同学进步更多。我们也从学生的反思报告中看到，学生对学习生涯的目标更肯定，与同学及教师间的关系也得到了加强。学生选择了服务型学习之后，他们的学习经历显然丰富了很多。多数学校的服务型学习项目设计了相关的工作坊让学生参加，着重于训练学生的领袖能力、时间管理、沟通技巧、自我发现、研究方法技巧、面谈技巧、一般服务技巧及写作技巧，学生再将这些技巧用于服务型学习课程中，其受益是可预期的。

它提供给学生学以致用及真正参与的学习机会，拓宽了学生的学习环境、资源，增加了为学生提供的支持种类。相比学校的单一环境，这使得学生的学习机会大大增加了，由此能够增强学生的学习动机，深化对学术知识的理解。相关研究结果表明，参加过服务型学习的学生比那些没参加过的学生更具有社会责任感，掌握更多的社会技能，被别人认为更可信赖，对他人、对社会也更具有同情心。

与此同时，服务与奉献带给人的心灵上的充实和人格上的历练，是一笔宝贵的财富。参加服务型学习的学生有更多的自信和满足感，对自己的未来和成长有更强的信念和热情，对社会活动有更大的参与度，对不良诱惑有更高的抵制能力。同等重要的是，服务型学习为学生毕业求职积累了实际技能方面的学习经验，提高了学生的职业敏感度，给予他们更多的机会来培养职业技能和交往能力。

此外，这些服务型学习项目可以充分挖掘在校大学生作为国家栋梁的潜质，利用他们已有的专业知识造福社会，为无数需要帮助的人送去光明和希望。

1.7　服务学习存在的争议

当然，服务型学习在学术界也引起了一些争议。

就中国国情而言，以现有的预想模式，真正落实好服务型学习还有一定困难，需要高校和其他相关机构循序渐进、因地制宜，制订合理的策划方案。其中原因，一方面在于中国的高等教育尚未全面普及，在不少偏远落后的村庄里，许多青年人还没有受教育的机会，当地的百姓生活还较为贫困，物资很稀缺，模式很简单，氛围很封闭，在这些地方开展服务型学习需要一定的渐进性和探索性，对大学生的身心也是一种不小的考验。另一方面，整个服务型学习的过程对学生的素质要求比较高，前、中、后期都要做很好的准备，且如何安排好学生的实践（资源、资金）、去哪儿实践、怎样评估实践结果等对未曾开设服务型学习课程的高校是一个挑战。编者希望服务型学习今后能在国内高校普及，能为社会和个人带来实实在在的益处。

鉴于以上的考虑，编者呼吁各高校建立配套的服务、引导和监管机构，转变现有的课程模式和评估手段，把重心更多地放在理论付诸实践的努力上，引导学生脚踏实地、关注社会，营造开放、互助、活跃的课堂氛围，注重学生学习过程的收获，而不是蹈袭填鸭式的、应试性教育的陈规；同时大学生要适应这种新型的学习方式，积极参与社会实践，不断把专业知识运用到实际生活中；社会机构和政府部门也应当对高校给予更多的资金和政策支持，为当地的许多事业单位、公共机构等引入大学生服务型学习的概念和计划。相信有了社会各界的共同努力，服务型学习的明天将更加美好。

第二章　服务学习历史发展

2.1　引言

　　服务学习在 20 世纪 80 年代初期起源于美国，经过十几年的实践与发展，推广至世界各地，日趋成熟，成为各国高等教育公认的重要组成部分。尽管美国在起步初期，服务学习理念并没有被大多数人所理解和认同、实践，但是它当时已经对美国高等教育的理念、价值观以及组织机构现状形成了一种革新压力，这也为现代服务学习理念的发展奠定了坚实的基础。

　　服务学习是一种内涵非常丰富的概念，它既是一种教育理念，又是学校开设的课程，既属于学术研究范畴，又属于社区活动提倡的实践范畴。它是一种多层面的先进理论，既是一种哲学观，又是一种活动计划，也是一场由大学开始的高等教育的改革运动。

2.2　服务学习在世界范围内的起源与发展

　　服务学习起源于美国，在促进学习和公民参与方面有着巨大的推动作用，也正是这样的潜力促使服务学习概念在短时间内就推向了世界各地。现在，服务学习正在世界范围内的各大高校中开始了它的全球化推广历程，对世界主要国家的大学、社区、学生、教师以及其他社会群体产生了巨大的影响，成为了世界主要国家的大学开发新型人才培养模式、促进社区和谐建设的重要手段之一。而这种趋势凸显了深入研究服务学习的必要性，唯有将服务学习作为全球化国际背景下的一个重要课题加以研究，我们才能够更好地了解服务学习的发展并从中得到启示，从而促进相应理论与实践的创新发展，不落后于先进性教育与实践的潮流。

　　接下来，我们将以美国典型大学学习服务发展为例，介绍服务学习的起源及其在世界范围内的发展历程，并探讨我们从中可以得到的收获与值得借鉴的闪光之处。

2.3 服务学习在美国的起源与发展

2.3.1 概述

服务学习理念于 20 世纪 80 年代初期在美国发端，经过数十年发展，日趋成熟并逐渐普及。作为一种经验性学习和课程的一部分，它视青年人为社会潜在资源，引导学生到社区中参与各种服务，通过实践与反思，提升学生对专业的理解与社会责任感，鼓励学生主动关心社会需求。它的发端是当时美国社会政治经济等多方面因素共同作用的结果。首先，20 世纪 60 年代，美国反文化趋势流行，重视直接经验的获得；其次，20 世纪 70 年代，美国社会盛行对客观知识的证实主义模式的学术批判；最后，美国民权主义运动也对美国高校学生的社会实践产生了巨大而深远的影响。正是这些社会历史事件促进了服务学习概念的滥觞。

美国作为发达国家在服务学习历史发展中扮演着关键角色，其服务学习的理念与实践对当今世界的服务学习影响巨大而深远。其先进的理念正来源于丰富的实践以及一代代人对实践的全面总结与深刻反思。美国的服务学习理念可贵之处在于它的理论源泉、理念框架以及顺应时代发展和实践需要而生的运营模式。

美国通过其政府、教育界和公民社会在全国范围内开展的服务学习活动，已经随着本身的发展逐渐实现了制度化，并已经成为美国高等教育的重要组成部分。美国高校所致力于服务学习的活动开展，主要受到两个方面的影响：一个方面是志愿者服务和公民责任在美国国民文化中的传承与复兴；另一个方面是高等教育在发展过程中遭遇瓶颈，受到社会各界甚至教育界自身对现行教育理论与做法的质疑。

2.3.2 重要事件

美国开展服务学习的一个重要里程碑是校园联盟的成立。该联盟于1985 年由布朗大学和斯坦福大学校长共同创建，是美国大学的校长联盟，目的是在学术氛围里促进公众参与服务学习活动。目前，校园联盟共有

950 多所大学加盟，并在美国 31 个州设有办公室，包括印第安纳州在内。该联盟的使命是通过学校、教师、学生与社区之间共享知识与资源，根据各种社会需求提供支持服务和开展学习—服务计划。这些社会需求涉及各个方面，如老人问题、贫穷、饥饿等。1989 年，为了促进将知识学习和公众参与相结合起来的服务学习，校园联盟开展了一项特别计划，实施"结合服务与知识学习项目"。同时，各州也相应制定了法律来保证各种各样的倡议活动与计划的开展，使之成为合法、可取的学习活动。例如，印第安纳州作为校园联盟成员在 1995—1996 年间参加了"大学研究员计划"，鼓励教师积极开展服务学习的教学和活动。

1990 年，美国前总统布什签署《1990 年全国过河社区服务法令》，为在大学开展服务学习提供了资金支持，并首次将服务学习确定为一项全国重点发展政策，同时，成立了"学习与服务美国"机构，以提供政府对服务学习的支持。

其后，美国前总统克林顿在执政时期又签署了《1993 年全国和社区服务法令》，成立了"全国服务公司"和"美国志愿团"。此后，又将"美国志愿团""美国志愿服务队""学习与服务美国"等几个机构整合为一个独立的联邦机构——国家与社区服务公司。

2.3.3　服务学习的主要进展

2.3.3.1　第一项进展：1984 年，库伯

1984 年，库伯出版了一本有关经验学习的著作，对服务学习影响很大。他在书中强调，经验学习在学习过程中发挥着至关重要的作用。库伯认为，学习是四个阶段的循环过程：第一，学习者开始获取具体的经验；第二，学习者随后进入观察和反思经验阶段；第三，学习者对这些观察进行积累和组织，使之概念化，并形成指导他们未来行动的框架；第四，学习者接着再对通过这种方式获取的新知识进行检验和改进。他认为，学习者是积极主动的，学习过程也是积极的、不断发展变化的，颠覆了传统的讲课模式。库伯认为这种传统授课模式中，教师强调的是抽象的概念或经验，学生无法通过自己的观察、反思和学习获得具体经验，也失去了更多有意义的学习机会，因此学生的学习内容明显缺失，学习过程缩短简化，学习没有成效。而且，在这种教育理念指导之下，学生也不可能发展出终生学习的理念。

2.3.3.2 第二项进展：1990 年，博耶

1990 年，博耶出版了著作《学者身份的再思考：教授们的当务之急》，强调了校内和校外本科教育的中心地位及社区的重要性。他认为，高等院校的重心放在要求教师把大部分时间花在科研和出版研究成果上，这一做法脱离了教学的要求，脱离了社区的要求，使得教学与社区的要求都无法得到满足。针对这种现状，博耶提出了一种超越大学盛行的对科研的常规定义和学者身份概念，那就是"学者"是知识的运用者身份、学者身份的结合以及教学的身份。通过运用知识解决各种社会问题，学者能够参与到社区服务，并将社区需求纳入其研究的课题。而教学者的身份则要求将教学作为研究的课题，并将教学实践和研究与社区服务相结合，即教学、科研和社区服务的结合。

需要注意的是，在 20 世纪末期有大量的关于服务学习的新型理论与见解出现，而在美国率先产生这些思想的根本原因还在于美国社会及其教育界践行服务学习的历史悠久而丰富。例如，美国早在第二任总统时代，杰弗逊总统就已经提出教育的主要目标是使社会与政府受益；富兰克林指出向宾夕法尼亚州的青年进行公众教育的重要意义是无可取代的，树立为"人类和自己的祖国"服务的观念是所有学习的重要目标。

2.3.3.3 第三项进展：19 世纪末 20 世纪初，杜威

19 世纪末 20 世纪初的学者认为，高等教育的价值只有通过处理诸如饥饿和贫穷等社区问题的能力才能得到全面的体现。马希尔指出，亚当斯的定居救助之家是采取社区组织和社区建设的方式来使公众参与其中，其重点在于开发社区的资源和潜力，以改善社区生活，满足社会需求。马希尔提出，与亚当斯不同的是，杜威提供了一种社区学校模式，按照该模式，学校成为社区的中心，能使人们增长见识，并能将学习与公众参与和政治事务结合在一起。杜威在赫尔之家的"教学、工作/生活"的实践，表明虽然亚当斯强调的是社区，而杜威强调的是学习对个人与社区的改造作用，但两者之间却是共同点远多于不同点。但无论如何，杜威的著作清楚阐明了进步教育的知识和哲学基础，也奠定了进步教育的理论和实践基础。杜威也因此为经验学习和社区参与提供了第二个比较重要的理论基础，该理论对 20 世纪直至今天的经验学习和社区参与的不断发展至关重要。

杜威率先向 20 世纪初盛行的认识论提出质疑。这些认识论包括逻辑实

证主义和经验主义在内，其主张是客观领域独立于认识者。杜威并没有把知识看做是完全等同于外部世界留在人心中的样子，他坚持认为，认识是反映认识与世界之间在智力、反思和经验方面存在的积极活跃的关系。为此，杜威对他所处的时代的常规教育理论提出了质疑，因为这些理论把教育看做是向学生教授基本事实和原理，教育界普遍采用说教式的教学方法，教师向学生灌输一门知识学科的相关内容、原理和议题。然而，实用主义者把知识看做是世界与认识者之间的积极的主观的关系，在此基础上，杜威倡导经验教育理论，重视学生在学习过程中发挥的积极作用。杜威认为，学生必须为自己而学，建议教学法应当把学生看做是教学的积极参与者，而不是用来填充知识的容器，总是被动接受知识。杜威认为，在教学过程中师生之间的联系关键在于具体经验的获得，也就是说，学习中只有将理论知识运用到具体的情形中才是学会和掌握了知识。在这种情况下，具体经验就成为学习者通过反思来"测试"知识是否有用的一条重要途径。

杜威的经验教育理论强调，学习是一种内在的社会合作任务，需要学生与教师之间的相互交流合作。在现实生活中，学习过程中会面对共同的问题，这些问题只有通过他人的参与合作才有可能得到解决。为此，学习能向学生提供培养各种公民技能的理想机会，这些技能对社会生活的建设具有重要的意义。可以看出，杜威的经验教育理论不仅是一种最有效的教学和学习方法，而且更有利于培养学生与他人合作和参与社会的能力，而这些都是建设社会所必需的特征品质。

杜威与他的同事朋友在芝加哥大学创建了"实验学校"，进一步进行教学和学习方法的新尝试、新探索。尽管杜威本人从未使用过"服务学习"这一术语，但不难看出，他的不懈努力使社区服务这一理念的深入人心，使学生、教师与社区成员一起共同协作，着手解决具体的社会问题。

2.3.4　美国服务学习的主要发展历史

2.3.4.1　萌芽阶段

在 20 世纪 60 年代以前，尚未形成现代普遍认可的服务学习理念，却开始了美国服务学习的经验性特点的滥觞。

1785 年

早在 200 多年前，佐治亚大学的座右铭"教学、服务，以及探究事物的本质"就体现了"服务"主旨。

1899 年

实用主义哲学家、经验学习创始者约翰·杜威在其一系列著作中阐述的知识、技能与经验互动式学习等理念奠定了"学习是教育的过程，它基于经验而非抽象知识"的理念的基础。

1903 年

"教育合作运动"创始于辛辛那提大学。

1905 年前后

威廉·詹姆斯与杜威提纯服务学习理论基础。

1910 年

美国哲学家威廉·詹姆斯提出国民以非军事方式参与全国服务的必要性。

1914 年

美国联邦法《史密斯－利亚法》颁布，建立农业推广合作服务系统。

1916 年

"经验与教育"（杜威）确立了以经验为教育取向的理念。

1933—1942 年

罗斯福总统创立平民资源保护队，动用百万青年参与相关社区服务。

1944 年

罗斯福总统签署《军人再调整法案》（GI 法案），将服务与教育相联系，提供军人再教育奖助金以示激励，并提供教育机会。

2.3.4.2 起始阶段

20 世纪 60 至 70 年代，美国政府开始动员全国范围内的志愿活动。

1960 年

鼓励美国老人加入改善国家队伍的组织成立。

1961 年

肯尼迪总统创建"和平工作团"，旨在推进世界和平与训练志愿者。

1964 年

约翰逊总统宣布"贫困作战"，鼓励协助低收入社区民众。

1966—1967 年

美国南部地区教育董事会首先提出学习—服务一词，用于描述美国南方田纳西州一些大学生与教职员工参与的社区与组织发展活动。

2.3.4.3 蓬勃发展阶段

1970 年

卡耐基高等教育审查委员会审查美国各高等教育机构多元化的分类，以多层面调查分析方式检查高等学校的课程、学生组成与教育环境而进行排名。

1971 年

白宫青年协会呼吁将服务与学习连接起来，创立"全国公共服务实习中心"与"全国经验教育学会"。

1972 年

全国中学校长协会批评高中教育失败而使学生孤立于真实社会生活，未能真正扮演成人角色。校长建议，为了使学校能够协助学生身心健康发展，应让高中生参与社会活动。

1973 年

卡耐基高等教育审查委员会呼吁高等教育机构将服务学习整合于课程体系内。

1976 年

加州环保团成立，是第一个以州为本位的青年团体。

1976 年

"服务学习"原则由 *SYNERGIST* 期刊出版。

1982 年

服务学习与领导国际伙伴组织成立，是非营利组织，旨在促进服务学习的理论与实践，促进服务学习在全世界范围内的高等教育机构开展。

1984 年

"校外服务机会联盟"成立，针对建立一个更公正努力的社会而展开努力。

1985 年

由布朗、乔治和斯坦福三所大学校长及州政府教育审查委员会会长发起的美国服务学习校园联盟成立，旨在支持优秀学生、教授以及大学将服务、学习体制化。

1989 年

总统与州长会议举行，提出国家教育目标，包括针对学生表现与公民责任的目标。

1989 年

布什总统创立"全国服务办公室",启动志愿者服务行动。

1990 年

布什总统在白宫设置"光明点基金会",以促进全国志愿活动,通过了对服务学习计划提供资助的《国家与社区服务法案》,创设学习与服务美国项目。

1990 年

设立全国服务学习交流中心,提供有关学习—服务的各种信息与指南。

1990 年

社区学院社区参与国家中心成立,提供社区学院技术协助、奖学金与赞助以协助社区学院发展服务学习项目。

1993 年

克林顿总统签署《国家与社区服务信托法案》,明确联邦基金支持各州开展以学校为主体的服务学习,保障其合法地位。

此法案建立起国家与社区服务协会,有三个协会:学习与服务美国、美国志愿服务团、国家参议院服务团。这些法案与组织明确了美国联邦政府对服务学习的支持。

美国志愿服务团是美国政府鼓励美国国民协助其他国民的有效计划,与包括高校组织和社会服务机构合作,鼓励高校学生参加志愿服务工作或当地服务学习课程。

1993 年

"国家与社区服务组织"成立,该组织在美国联邦政府直接监督下开展多种高等院校与中小学的服务学习项目。

1993 年

制定《联邦国家与社区服务法案》。

1993 年

"服务行动委员会"定义服务学习:服务学习指的是一种学习方法,通过学校与社区合作,将提供给社区的服务与课程相结合,让学生参与到有组织性的服务行动中,以协助社区解决需求,同时培养学生的社会责任感,让学生在学习中提高专业知识和技能,培养解决问题的能力。

"教育改革服务学习联合会"提出服务学习应包括预备、合作、服务、课程统合集、反思五个部分。

1993 年

"学习与服务美国"组织提供从幼儿园到 12 年级的学校、社会团体、高等教育机构开展服务学习项目的直接与间接财政资源支持。2006 年开始颁发"高等教育社区服务荣誉总统奖",奖励杰出的服务学习项目大学生。

1994 年

斯坦福大学设立"学习－服务"机构。

1994 年

福特基金会借助美国 10 所黑人大学设立社区服务合作项目。

1994 年

由校园联盟支持的"参与社区的教育家组织"成立,其前身为"隐形学院",研究有关服务学习的议题与方法论,并于 1997 年开始与"美国高等教育协会"合作出版一系列学术刊物与书籍。

1994 年

"密歇根社区服务学习期刊"创立。它是一本专门以服务学习为研究对象的高水平学术期刊。

1995 年

美国科罗拉多州"和平研究中心"设立服务学习联系网站,使得相关资料更为集中,获取更为方便。第一届"全国服务学习研讨会"举办。

1995 年

"美国高等教育协会"以"参与的校园"为年会主题,进一步奠定教育结对服务学习的基础。美国社会会学学会、美国政治学学会、全国经验教育学会及美国心理学学会等重要学术组织,也陆续在它们的年会中加入了服务学习的讨论组。

1996 年

以"教育为服务"作为座右铭的印第安纳波利斯大学在 1990 年将服务学习体制化后,开展了"志愿者服务计划"。1996 年,该计划更名为"社区计划中心",专门负责社区服务学习项目,并于 1997 年设立公民参与的选修课程。此外,又在社区设立艺术中心,使该校许多社区服务项目真正融入社区中。

1996 年

非营利组织"社区—校园健康合作伙伴计划"成立,有约 2000 个社区与大学合作开展有关服务学习促进社区健康的活动及相关研究工作。

1997 年

"学习及公民联盟"成立，其宗旨是推动公民参与和利用志愿者服务来改善学生学习。

1997 年

加利福尼亚州立大学正式开始服务学习的实践。

1997 年

高等教育协会董事会在菲奇堡州立大学成立领导艺术学院，强调领导研究、服务学习、公民责任、伦理发展及国际教育的重要性。

1998 年

美国高等教育协会、校园联盟及经验教育全国学会联合调查成功实施服务学习的大学。印第安纳州立大学被列为实施服务学习的模范院校。

1999 年

"凯洛格基金会"提供 1300 万美元在全国开展自幼儿园到 12 年级的服务学习"学习与领导"四年计划。

1999 年

"全国学生服务学习与社区服务调查"报告指出，约有 94％的学校行政人员认为学校有社区服务项目但未得到外来的补助金。

2000 年

哈佛大学成立服务学习促进中心，发展与推进将服务学习与既有课程相结合的方式，以推进服务学习制度化。该中心还对教师进行服务学习培训，促进教师将服务学习理念融入既有课程。

2001 年

加州伯克利大学分校开始举办每年一届的服务学习国际研讨会。

2001 年

由皮尤慈善信托赞助、设计于马里兰大学公共事务学院的"公民学习与参与资料及研究中心"成立，举办各种有关美国 15～25 岁青年公民政治参与的研究，并提供服务青年的机构相关训练与技术指导。

2002 年

《不让一个孩子掉队法案》再次强调学习服务的重要性，鼓励和支持各个学校开展服务学习。小布什政府推动"公民、服务与责任的新文化"计划。

2002 年

"公民服务法"提出扩大与支持服务学习计划，提高对青少年的教育，强调美国政府对服务全美的公民责任伦理和社区服务精神的重视与在法律上的保障。

2002 年

布什总统成立"美国自由团"，通过公民服务法的原则与改革方案，一方面要求发扬美国服务精神，另一方面由美国政府提供经费补助各级学校机构与地方组织，开展各种服务学习项目。

2002 年

"学生服务美国"组织成立，加强了志愿者精神的学习。

2003 年

布什总统创立"服务于公民参与总统委员会"，进一步认定国家建设志愿者服务队的重要性。确定每年颁发志愿者服务总统奖，由个人、家庭、团体依据 12 个月内及医生所积累的志愿服务时数而定。

2003 年

麻省州立大学波士顿校区的大学卓越中心—社区共荣研究所与大学残障中心合作，一起与国家服务社团签约执行"国家服务包容计划"。其主旨是残障者也能参与志愿服务工作。所谓"共荣"是指不对任何残障者歧视。

2003 年

美国大学协会与校园联盟联合设立"通识教育与公民参与中心"，旨在研究大学通识教育与社区参与及服务的相关性。

2005 年

由印第安纳波利斯大学与南非斯泰伦博斯大学共同主持的高等教育"服务学习国际学术研讨会"首次在南非召开，以后每两年举办一次。

2005 年

"全国服务学习合作组织"及"全国服务学习委员会"成立。

2005 年

"服务学习与社区参与研究国际协会"成立，针对服务学习与社区参与展开各种研究，并每年举行年会。

2006 年

学习与服务美国组织负责颁发"高等教育社区服务荣誉奖"，颁发给那些鼓励学生参加社区活动且成绩突出的学校，人数以每年参与社区服务的学生人数而定。

2007 年

高等教育的第二届"服务学习国际学术研讨会"在美国举行。

2008 年

召开幼儿园到 12 年级及高等教育机构的服务学习项目领导者会议。

2009 年

全美中国研究协会报道印第安纳波利斯大学国际合作项目，以及与摩尔博士合编的《高等教育服务学习：模式与挑战》一书。该书由印第安纳波利斯大学出版社出版。

2009 年

高等教育的第三届"服务学习国际学术研讨会"在美国印第安纳波利斯大学雅典校区举行。

2009 年

奥巴马总统就职后与多任前总统一样呼吁国民参与社区服务。

2010 年

国家与社区服务公司拨款 680 万美元资助"学习与服务美国计划"，给创新服务学习项目的高等教育机构颁发奖助金。

印第安纳波利斯大学出版社出版《高等教育服务学习：国内与国际联系》一书。

2010 年

印第安纳波利斯大学向卡耐基教学促进基金会所属的高等教育审查委员会申请审核美国各高等教育机构"社区参与分等"，并被成功列入高度参与社区服务学习的高校。全美共有 311 所高校得到这项认可。

2011 年

第四届服务学习国际学术研讨会在中国浙江大学宁波理工学院举行，由美国印第安纳波利斯大学与中国浙江大学宁波理工学院主办，南非斯泰伦博斯大学和印第安纳校园联盟协办。

2011 年

第十一届服务学习与社区参与研究国际协会在美国芝加哥举行。

"服务学习是多层面的，它是一种哲学、一项活动计划、一种教育理念、一场运动"（Jacoby，1996），涉及具体的服务学习项目，由于目标和侧重点设定的不同，自然需要有不同的模式，因此有不同的服务学习分类①。

2.4 服务学习在美国发展历史的总结与启示

服务学习之所以起源于美国并且在美国以最高的质量和最快的速度迅速开展与广泛传播，并对世界范围内的服务学习都产生了重大影响，主要有以下5方面的原因。

（1）价值观方面：首先，美国社会历史悠久的志愿服务工作以及以经验为取向的美国教育制度是服务学习开展的价值观土壤，主张国家发展的知识应以经验成就与青年服务为取向，反复强调反思思维、社区为主的教育以及为别人服务的价值观。其次，美国社会出现的问题及其带来的压力是学习—服务发展的动力。任何以社区发展为本的项目，都容易得到各方面人力、财力、物力的支持。最后，值得一提的就是，美国作为世界头号强国所具有的强大经济实力与先进的生产力，是国家强力支持学习—服务发展的主要后盾，是美国服务学习体制机制建设与基础设施建设的根本保障。

（2）美国政府通过立法对高校开展服务学习的经费、政策及技术给予了协助与保障，各地方政府与高校均建立了合作伙伴关系，包括服务学习交流中心、校园联盟、社区大学服务学习协会等组织的成立。美国建立了一套完善的有利于大力促进服务学习发展的体制机制和配套设施。

（3）历史影响：教育与服务的观念根植于美国最古老的高等学府，也根植于美国的建国理念。美国的志愿者服务工作历史悠久，美国人对自己的传统志愿服务队感到非常自豪，这提升了整个社会的良好风气与国家民族凝聚力。这种历史因素的深远影响延续至今。

（4）人文、精神、教育层面原因：深入研究使服务学习的理念架构更为完善，历任总统以各种方式支持国民志愿服务、高等教育学府及机构的服务

---

① 3历史发展参考：American Association of Community College（www. aacc. nche. edu/servicicelearning）. Campus Compact（www. compact. org）. Carnegie Foundation for the Advancement of Teaching（www. carnegiefoundation. org）. International Association for Research on Service－Learning and Community Engagement（www. researchsclce. org）. Community College National Center for Community engagement（www. mesacc. edu/engagement）. Corporation for National and Community Service（www. nationalservice. gov）. Effective Practices Information Center（www. nationalserviceresources. org）. International Association for Service－Learning and Leadership（www. ipsl. org）.

学习计划，包括学术研究奖励、服务奖评等措施，在促进美国服务学习健康发展的过程中起着至关重要的作用。此外，美国的服务学习课程必须是包容性的，即无论任何年龄、性别、种族以及残障与否都可以平等地参与并成为被服务对象，而这与美国本土历史文化多元性的文化土壤息息相关。再次，成功的服务学习计划使学校与社区产生互惠互利关系，因此学校可与社区机构联合向政府或基金会组织申请奖助金以促进计划的进行。

（5）完善的体制建设与强大的法律保障：高等学校通过政府、基金会、学会、学术刊物等各种方式将服务学习的理念、理论及实践等融入大学教育的目标。1990年，国家与社区服务法案的通过可以说是美国政府与社会对服务学习实质性的全盘的支持，带来了20世纪80年代开始的高等教育改革，服务学习课程从此被纳入正式课程。学校设有与服务学习相关的办公室，并有人、财、物力支持，使得服务学习在美国高等教育中体制化。

总而言之，通过美国服务学习的发展历史，我们可以清楚地认识到，服务学习的发展不仅需要主观因素的引导，也需要客观因素的支持；不仅需要现实因素的鞭策，也需要历史文化的引导。首先，一个国家想要发展好自己的服务学习，并通过服务学习来达到双赢甚至多赢的目的，最不可缺少的就是强大的经济实力与物质支持，只有通过对人、财、物力的投入，才可能把一切制度基础与基础建设付诸实践。其次，服务学习虽然最终是付诸实践，但这并不意味着制度体系建设是不重要的，恰恰相反，只有建立健全政策、制度，使服务学习常态化、规则化、细致化，才能更好地促进其全面发展。再次，实质的，服务学习作用的发挥必须有强大的法律支持作为保障，这不仅对服务学习的建设本身有益，更对法治国家的建设以及法制观念深入人心的过程有着极大的推进作用。另外，想要真正达到服务学习的目的，就应调动一切可能的、积极的鼓励与激励政策与奖励机制，从学校、社会机构、学生参与等各个方面完善整套服务学习的流通机制，同时应加强这些环节彼此之间的支持与互动，形成有效的、团结的、高质量与高水准的、联动的服务学习体制，这对促进服务学习的推广无疑是意义巨大的。最后，在任何一个国家，尤其是在中国这样有着悠久的优良民族文化与历史传统的国家，想要从根本上鼓励全民参与服务学习的发展过程，必定要重视历史文化因素在推动服务学习发展与调动民众参与积极性中的重要积极作用，大力弘扬优秀的传统美德，增强公民的社会责任感与团结合作的团队意识。这些对于从根本上促进服务学习长足发展将无疑是关键的影响因素。

第三章　服务学习分类和特点

3.1　以内容进行分类

徐明等人从服务学习的内容着手，将服务学习的内容划分为课程主题学习和公民学习两个方面，其中课程主题学习包括特定课程内容学习、一般课程学习（批判性思考、问题解决等）、学习如何学习等；公民学习包括民主的公民学习、政治学习、领导力学习、人际互动学习等。更进一步，我们可以将服务学习的学习内容具体划分为课程主题学习、能力素养主题学习和公民教育主题学习三个方面。其中课程主题学习既可以是面向某一门课程知识的学习，也可以是跨越多门课程知识的学习，涉及课程知识的理解、分析、应用等；能力素养主题学习指的是有关问题解决、批判性思维、信息素养等的学习；公民教育主题学习主要包括公民素养学习、社会责任与公民参与意识提高、基于网络的人际互动学习等内容。

3.2　按数字化程度分类

按照数字化程度由低到高的次序，将服务学习划分为传统服务学习（Traditional Service Learning）、部分数字化服务学习（E-Service Learning）、完全数字化服务学习（XE Service Learning）三种。传统服务学习是基于现实环境的、面对面的服务学习，部分数字化服务学习是传统面对面方式与数字化方式相结合的服务学习，完全数字化服务学习是指所有学习活动都在数字化环境下开展的服务学习 [1]。

---

① 陈立钢. 课程导向的数字化服务学习设计研究 [D]. 徐州：江苏师范大学，2012.

3.2.1 活动时空差异

在传统服务学习中，服务学习活动一般局限于某个社区，活动范围有限。而数字化服务学习由于有了电子学习技术和工具的支持，服务学习活动可以跨越时空障碍，在任何地点、时间展开，数字化服务学习参与者之间的沟通交流既可以是同步的，也可以是异步的。

3.2.2 社区内涵的差异

传统服务学习的实施环境主要是现实社区，社区成员相对集中，服务活动具有现实性。数字化服务学习的实施环境为虚拟社区，社区的形式、规模和结构等灵活多样，社区成员一般以虚拟的身份出现，分布范围较广。

3.2.3 服务方式的差异

在传统服务学习中，学习者面对真实的社区，通常以直接服务的方式参与各种服务活动，解决各类社区问题。而在数字化服务学习中，学习者面对虚拟的社区，通常是将直接服务与间接服务相结合来完成服务活动，并以各种知识服务为主。

	活动特点	活动环境	活动体验	服务方式	服务对象
传统服务学习 T-Service Learning	时空相对固定	现实社区	智力/动作 技能体验	直接服务为主	真实成员
数字化服务学习 E-Service Learning	时空无限制、 具有泛在性	虚拟社区	智力体验	直接/间接服务	虚拟成员

3.2.4 活动体验的差异

在现实环境中开展传统服务学习，在实施过程中，学习者会运用自己的知识、技能、经验、情感，其活动体验涵盖智力和动作技能两个方面。按加涅的学习结果分类，传统服务学习对学习者的智慧技能、认知策略、言语信息、态度和动作技能等5个方面均产生影响。在 E-Service Learning 活动实施过程中，学习者主要从事各种知识服务活动，起主导作用的是知识、信息技能、经验和情感态度，动作技能的运用退居次席，活动体验主要为智力体验。

数字化服务学习与传统服务学习对比：数字化服务学习兼具了服务学习和 E-learning 的众多优点，是未来服务学习研究与实践的重要方向，强调对服务活动的精心设计和反思。

3.2.5　服务对象的差异

在传统服务学习中，服务对象是真实的社区成员，而在数字化服务学习中，服务对象为虚拟的社区成员。这些虚拟的社区成员不再局限于某个社区，而是面向整个互联网，可以是来自不同地域、拥有不同知识和文化背景的人群。

3.3　按层面分类

3.3.1　技术层面的服务学习

此层面聚焦具体知识内容，强调的是教学的有效性。例如，通过学习发展社会学理论；通过利用社区组织对农民工子弟的服务，使学生更好地明白社会不平等是如何产生的。通过在技术层面的服务学习与真实世界建立联系，使学生加深认知，这样的教学效果无疑超过单纯的课堂讲授。

3.3.2　文化层面的服务学习

此层面聚焦社会责任、人际沟通和能力提高，这是服务学习最关键的一点。通过对自我与社区、社会以及世界的认识和体验，服务学习能够培养学生的合作精神，使其成为一个有社会责任感的人；与此同时，服务学习拉近了理论与实践之间的距离。

3.3.3　政治层面的服务学习

此层面聚焦公平正义的社会政策，倡导为个人和团体创造更为公正和公平的社会环境，要求对由于历史原因而形成的困难群体给予充分的权利和机会。此层面的服务学习贯穿社会正义的世界观，通过实践，使个人与外部社会结合，促使高校成为推进公平社会发展的力量。

3.3.4 反对机械主义的服务学习

此层面聚焦认知差异，通过对现有知识体系的质疑扩大了认知论的可能性，是培养 Dewey 的"叉形路径"（forked－road）的思维方式的方法之一。

3.4 按侧重不同进行分类

服务学习与传统课程教学的最大不同在于服务与学习的相互结合，强调服务与学习并重。Sigmon（1996）按照服务与学习二者侧重点的不同，将其归纳为四种基本类型①。

3.4.1 Service-Learning 型服务学习

服务与学习之间无关联，目标分离，比如劳动课、勤工助学、义工等活动。该类型的特点是服务与学习两者都有，但没有关联。服务形式较灵活，服务较容易安排。不足之处是服务的开展无法结合所学知识，服务带有盲目性和随意性，并且学生的积极性和主动性不高。

3.4.2 Service-Learning 型服务学习

以学习目标为主，服务成果不重要，服务只是一个环节、方法，目标是实现学习的内容。典型的表现形式有实习课程、临床实习等。该类型的特点是学生是最大的受益者。如果将服务学习仅仅定位于达到教育的目标，那是非常适合的。不足之处是与服务对象的建立关系不够深入，服务对象的利益常常被忽视。服务的开展与社区有着明显的距离。

3.4.3 Service-Learning 型服务学习

以服务成果为主，学习目标不重要，例如志愿者服务、公共服务、服务性社团等。该类型的特点是服务时间较为灵活，学生的主动性高，容易操作。不足之处是缺乏对"为什么要做服务""服务是为了谁"等问题的思考，往往导致好心办坏事或有心无力等情况的出现。

---

① SIGMON R. The problem of definition in service－learning [M]. Washington, D. C. Council of Independent Colleges，1996.

3.4.4　Service-Learning 型服务学习

服务与学习的目标同等重要，例如服务性学习课程、服务性学习研究。服务学习两者并重，两者是相互支持、相互促进的关系。没有服务就没有学习的可能，而没有学习也无法更好地开展服务。不足之处是实际操作较难，需要投入大量资源。

3.5　其他划分方法

根据服务学习项目的时间长短，可将其分为一次/多次短期的服务学习、长期的课外服务学习。

依据"服务"的专业性和课程化程度将服务学习分为提供专业性服务（或非专业性服务）的课程化服务学习和提供专业性服务（或非专业性服务）的非课程化服务学习。

3.5.1　直接的服务型学习

主要是一对一、当面式。受惠者得到学生的直接帮助（家教、陪伴老人、口头历史传承等）。

3.5.2　间接的服务型学习

受益于一个群体而非特定个人（环境、建设、历史、食物、医药等）。

3.5.3　倡导式的服务型学习

基于公共利益发挥学生的创造性、主动性（倡导社会阅读、安全、环境保护、预防毒品和暴力、抵御疾病等）。

3.5.4　研究式的服务型学习

在关乎公共利益的话题上通过实验、研究、评估和数据搜集、编纂和记录信息（能源评估、水检测、疾病研究等）。

此外，在美国，由于其具体国情的需要，也有学者提出了慈善模式、公民模式、社群模式三种模式的分类法①。

而在中国内地开始试行的大学服务学习课程，是一种新型的服务学习行动模式。它以社工带动义工共同服务社会为原则，基本建立了服务学习社工三级督导（老师＋种子同学＋机构督导），志愿服务与大学课程整合。第一，在大学中将专业学习过程和社区有机结合，将所学的知识和技能用在社区服务中，推动社会变迁和进步。第二，大学教育与社区建设整合，将社区建设（服务）与大学系统的教育体系整合在一起，协调志愿服务活动与大学教育的关系，建设符合社区发展真正需要的大学教育制度。第三，学习、服务与自我发展的整合，将学习场所从教室扩展到社区，有助于培育青年学子的人文关怀精神，推动他们思考、学习与行动，促进他们的自我发展。

3.6 服务学习特点

服务学习不同于志愿服务、社区服务、实习等，但又与这些服务活动存在共同之处。通过有计划的社区服务活动与结构化设计的反思过程，在满足被服务者的需求的同时，促进服务者的学习与发展②。

服务学习作为一个新兴的概念被引入中国后，有不少学者依据个人的研究和理解对其进行了不尽相同的解读，但是众家言论对服务学习的基本认识还是较为一致的，即认为它是服务与学习的结合，重点在于两者的互相交融、互相支持。其特点是服务和学习齐头并进。强调在服务中学习，在学习中服务。透过有计划的社区服务活动与结构化设计的反思过程，完成被服务者的目标需求，并促进服务者的学习与发展。同时，反思（Reflection）与互惠（Reciprocity）作为服务学习的两个中心要素，也是其特点所在。

整体来看，服务型学习具有以下基本特征：

第一，明确而真实的学习目标。服务型学习的主要目的是学生的学习方法的改善和人格发展，学校的服务型学习必须始终与学校课程相联系，与学生在一定学段、年纪需要达到的学术标准（学科课程标准）相联系。某种意义上，服务型学习就是另一种形式的课程传授，在这个过程中，学生应该确立明确而真实的学习目标：通过从事这项服务型学习可以收获哪些技能和情

---

① 郝运. 美国高校服务学习研究［D］. 长春：东北师范大学，2009.
② 郝运，饶从满. 美国高校服务学习理论模式初探［J］. 比较教育研究，2009，（11）：59－63.

感，如何把课堂所学到的知识运用到实践，怎样看待这个领域当前的现状，如何解决遇到的困难，应当培养怎样的职业敏感和公民责任。

第二，适应真实的社区需要。服务型学习的意义之一是把抽象的知识具体化，帮助学生明白"为什么而学习"和"学习能为人们带来什么"的意义，从而体现了社区作为人们生活的大家庭的实际意义。社区的需要就是每一个身处其中的个体的需要，满足真实社区的需要不仅是为服务型学习的过程营造良好的环境，也是人们寻找学习意义的过程。养老院帮助孤寡老人、为环境保护发起运动、给年幼的孩童提供生活和学习指导、帮助农民种地植树等，这些能够促进学生和社区工作者身份的有效融合，真正体现大学生作为一个社会人的责任使命，为今后服务社会奠定良好的基础。

第三，学生自己制定流程。在服务型学习的过程中，从发现社区的需要和问题，到形成具体的服务和研究计划，再到具体执行计划和从事服务活动，最后到系统反思、评价研究和服务活动的过程和结果，这一系列环节都是由学生自己制定的，主动权把握在学生手里，在更大程度上激发了学生的热情。而老师则扮演咨询者、指导者和建议者的角色，保证学生开展服务型学习的质量。

第四，基于经验的反思贯穿全过程。服务型学习要求学生将在课堂上学习知识后的惯性经验和实践中不断形成的新的经验加以对照，综合性地反思经验出现的背景、过程、原因和经验本身存在的意义，从而对服务型学习的成果有不断深入的理解。反思渗透于服务型学习的所有阶段，而由于服务型学习是一种经验学习，经验是建立在反思的基础上的，因此对于服务型学习而言，反思既是一种构成要素，又是一种教学方法。

而在其所有特征中，评估与反思是服务学习独有而重要的特点。本章将就此两点进行深入论述。

3.7　反思

反思是服务学习的关键环节，它是联系"服务"与"学习"的桥梁，课程知识与服务内容、服务活动与综合能力、服务体验与正确价值观等都需依靠反思来实现连接和转化，服务学习的有效性在很大程度上取决于反思的内容和质量。当服务和学习之间存在着有目的的联系，而且学习机会中伴随着有意识的、精心设计的对服务体验的反思时，那么传统的社区服务就转变为服务学习。

3.7.1　反思是服务学习的核心

反思在教学活动中的地位是极重要的，阿普尔（M. W. Apple）、麦克唐纳（J. B. Macdonald）等学者甚至把课程的本质概括为一种社会的"反思性实践"，其基本构成因素是行动和反思，课程就是行动和反思的统一。[①]

对于服务学习而言，反思的作用和意义还不止于此，它是服务学习的核心，直接决定着服务学习能否有效实施。这主要源于以下几个方面的原因：

第一，服务学习需要将服务活动与课程学习相连接，能够实现这种连接的活动便是反思。反思可以将服务体验转换为知识体验。如果学生不能将反思融入到服务学习活动中，那么他们就很难将这些活动与课程内容联系起来。

第二，书籍等文字性载体可以通过突出重点内容、列举提纲、简明概括等形式来为学生的学习提供引导和控制。服务学习属于体验式实践活动，这种实践活动本身并不具备引导、提示和控制等功能，学习者只有借助持续的反思才能实现实践活动与课程内容连接，从而完成学习。

第三，现实世界的现象和问题并非是课堂所学概念、规则的简单应用，服务学习活动往往是非线性的、复杂的，对有关问题进行收集信息、确定问题、方案取舍、提供并证明解决方案等活动都充满挑战。反思活动提供机会让学生得以明确服务学习项目的进展和变化，便于其及时调整服务手段和策略。服务学习的有效性和学生学习情况都可以通过反思得以加强，并提供引导。

第四，在服务学习实施过程中，教师对很多复杂的活动细节并非都能了解，但是教师又需要为学生面对的服务学习问题提供一定的引导。另外，不同的学生会参与不同的服务学习项目。这些因素决定了服务学习与教科书式教学不同，在课堂上讨论项目细节具有一定难度。精心设计的反思可以促进学生、教师、社区伙伴之间的相关信息的及时交流。

3.7.2　结构性反思

所谓结构性反思指的是贯穿于服务学习的设计、实施、评价等各个环节的反思，它的作用主要包括：①帮助学生明确服务学习项目中的关键问题；

---

① 张华. 课程与教学论［M］. 上海：上海教育出版社，1998（9）：4.

②帮助学生将服务体验与他们正在学习的知识内容相连接；③实现理论与实践、服务与学习的相互融合、转换；④帮助学生更好地认识自我；⑤通过各种策略让学习和经验持续整合到学生的知识建构和个人成长过程中；⑥将学习和经验置于更广阔的时空背景，实现知识、经验和能力的升华。

结构性反思不仅仅是课程结束时的报告与展示，教师必须在服务学习活动之前、之中和之后为学生提供丰富的反思机会。持续的反思促进师生间交流，并让教师更好地理解学生的学习项目、解决问题的努力情况和进步情况，这种交流可以在帮助学生改善学习的同时改善服务学习项目本身的质量。因此而言，反思是服务学习不断完善和发展的内在驱动力。

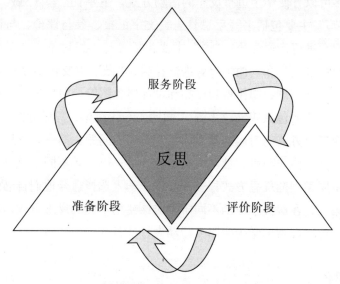

结构性反思（Structural reflexion）

结构性反思从阶段上可以分为服务前的反思、服务中的反思和服务后的反思。

服务前的反思主要包括确认服务计划、明确服务任务、规划与准备服务活动、思考服务活动可能用到的知识和技能。在准备阶段，反思让学生为服务学习活动做好准备，可以帮助学生理解项目实施中可能用到的理论和概念，让学生了解社区需要，让他们做好解决问题技能的准备，以便应对未来可能在社区环境出现的挑战。

服务中的反思主要包括观察虚拟社区情况、分析和调控服务活动过程、体察服务活动与课程知识的联系、体会知识是如何被应用于实践解决现实问题的。在此阶段，教师可以进行反思，并结合必要的反馈和支持来鼓励学生进行独立学习。反思不但让教师得以加强课程内容与服务活动的联系，还让教师能够把握服务学习中的教学时机。

服务后的反思主要包括回忆服务活动中应用哪些知识和技能、总结服务活动的成败得失、思考未来服务学习目标等。在此评价阶段，反思可以帮助学生内化服务活动体验，强化服务活动中的情感体验，思考原有知识与新信息的融合，并展望其未来的应用。

3.7.3 反思的基本方式

有很多可以方便学生进行反思的活动方式，主要有"写""做""说"三种方式。"写"主要包括书写反思日志、文字汇报、参与评论、与社区人员和其他学习者进行沟通交流；"说"主要包括参与小组讨论、即时汇报、就某些问题与社区人员和其他学习者进行探讨；"做"主要包括制作服务学习活动图片、设计幻灯、制作视频作品和设计概念图等。对反思活动提供支持的技术与工具主要包括 Wiki、Blog、微博、在线讨论、思维导图。

在选择反思方式的时候通常需注意三方面的问题：第一，反思活动应该涉及学生个体、协作小组、社区成员、教师等；第二，不同学习风格的学生应该实施不同类型的反思方式，教师应该让学生选择适合他们自己的反思活动方式；第三，在服务学习的不同阶段应该使用不同的反思方式，比如，案例研究和讨论可以帮助学生为服务活动做好准备。

3.8 评价

评价是对服务学习活动的系统总结，是服务学习参与者之间互动提高的过程。有效的评价对激发参与者的热情，提高服务的质量和效果，总结服务学习的经验和教训具有重要意义。服务评价与学生的服务学习、服务成果最终展示紧密相连。它是服务学习的天然要素，是复杂而多维的，以反馈为中心的，植根于内容的。服务评价是持续的，只有这样，服务学习项目在整个实施过程中才能得到持续反馈，并能得到修正，技能发展和知识获得因此而得到确认。服务评价贯穿于服务学习过程，让教师、社区伙伴能够更好地帮助学生通过服务学习获得成功。

服务学习评价一般采用三种手段。第一是项目记录，即从各方面搜集学生的服务活动信息，然后对学生展开阶段性评价；第二是成绩认证，即将学生参与服务学习活动的次数和质量作为考量课程成绩的重要依据；第三种是奖励激励，即对优秀的服务学习参与者进行表彰，以此激励参与者的学习积极性。

服务学习属于体验式学习，其评价内涵既具有一般教学评价的共性，也具有其特殊性。这种特殊性主要体现在：传统学习评价仅仅关注学生的知识获得，由于服务学习是实践体验与知识学习的结合，因而"服务学习评价必须同时关注学生知识和实践体验的获得"[①]；服务学习强调"服务"与"学习"并重，评价内容应既包括学习结果评价，也包括服务结果评价；服务学习强调在"做"中学，是以学习者为中心的教学，所以应突出学习者在评价过程中的主体地位；服务学习属于跨学科学习，对学习结果的评价应包括多元的知识、能力和素养。

在对某一服务学习项目进行评价时，应做到以下几点：

（1）强调评价内容的多元性：评价涵盖对学习者的评价、对教师的评价以及对学习内容、学习活动、学习过程、学习资源和学习支持服务等的评价。

（2）强调评价主体的广泛性：评价主体包括教师、学生、教学辅导者、学习伙伴等，尤其是倡导学生以主体身份参与评价。

（3）强调评价过程的动态性：除了在学习活动结束后进行总结性评价，评价还贯穿于学习的全过程，目标是在整个教学过程中促进学生发展。

（4）强调评价目的的复合性：网络学习评价的目的不仅在于对学习结果进行价值判断，还在于利用评价结果来对学习过程进行指导和修正。

对于服务学习的评价设计，应遵循以下原则：

（1）评价应该既包括对学习的评价，也包括对服务的评价。

（2）学习评价应涵盖特定课程、通识类课程、信息素养和情感态度等内容。

（3）评价主体包括授课教师、活动指导教师、学生和虚拟社区人员。

（4）学习者应作为评价主体参与整个评价过程。

---

① MORTON, K, TROPPE, M. From the Margin to the Mainstream: Campus Compact's Project on Integrating Service with Academic Study [J] Journal of Business Ethics, 1996, 15 (1): 21

（5）评价对象应包括学习资源以及各种数字化工具、手段。

（6）评价不仅应对服务学习活动结果作价值判断，还应对活动内容和过程进行深入分析，以便于不断修正和完善。

3.9 评价内容设计

服务学习评价内容包括学习结果评价、服务结果评价和服务学习项目评价三个方面。从现有的服务学习研究和实践看，学校、教师、学生侧重学习结果评价和服务学习项目评价，有的服务学习实践甚至不涉及服务结果评价；而社区人员则侧重服务结果评价，重视服务学习能给社区发展带去怎样的益处。服务结果评价主要是对服务学习的实施给社区的发展所带来的影响进行评估，以社区人员为评价主体。以下重点探讨学习结果评价和服务学习项目评价的设计。

3.9.1 学习结果评价

依据服务学习评价设计原则，对学习结果的评价主要包含课程知识、能力素养和情感态度三个方面。通过对一些服务学习和服务学习的评价实践进行分析，可以确定上述三个方面的具体内容。例如，岭南大学服务研习计划将学习结果评价确定为学科相关知识、沟通技巧、组织能力、社交能力、解决问题的技巧、研究技巧等六方面内容。结合前面分析，本章认为服务学习的学习结果评价主要包括三方面内容：

（1）课程学习：课程知识理解、课程知识应用、课程知识迁移。

（2）能力素养：问题解决能力、沟通协作能力、批判性思维、信息素养。

（3）情感态度：责任意识、服务意识、学习兴趣、自我效能感、学习自主性。

3.9.2 服务学习项目评价

项目包含计划、打算、设计、方案等含义，也包含将设计或方案付诸实践的过程，还包含设计或方案经过实践后所产生的结果，即项目是"做事的计划、做事的过程和做事的结果"①。因此，服务学习项目评价是关于服务学习的设计、实施和实施结果等的评价。服务学习项目评价应该既注重价值判断——活动结束后对服务学习项目的有效性进行评估，也注重对项目的设计和实施过程进行评估；注重过程性和动态性，以使项目能够得到持续的修正和完善。

国内外很多学者对服务学习项目评价作了大量的研究和实践，并诞生了很多评价工具或方法。例如，加利福尼亚大学的经验学习评价系统（Evaluation System for Experiential Education），该系统适用于评估服务学习项目对学生、教师和学校产生的影响；舒默服务学习自评工具（Shumer's Self-Assessment for Service Learning），该工具提供了一系列自评表单，教师、社区人员和学生可以利用这些表单对服务学习项目的有效性进行自我评估；服务学习量规（Service Learning Dipstick：A Project Assessment Tool），该量规可以对服务学习的优缺点进行系统的评估，并形象地图示出来，便于实施者改进和完善。

以下对其中两种评价方法进行具体介绍：

（1）服务学习评价象限。"服务学习象限"② 由斯坦福大学服务学习中心设计，它从服务活动的质量和服务活动与学习的整合程度两个角度出发，把服务学习项目按类型划分到 Ⅰ、Ⅱ、Ⅲ、Ⅳ 四个象限。处于Ⅰ和Ⅳ象限的服务学习项目的服务倾向性强弱不同，但服务活动与课堂学习均是分离的；处于第Ⅲ 象限的服务学习项目虽然与课堂学习有明显衔接，但其服务倾向性较低；处于第Ⅱ象限的服务学习项目既能提供高质量服务，服务活动又与课堂学习明显衔接。斯坦福大学服务学习中心通过研究证实，当服务学习处于第Ⅱ象限时，服务与学习实现了并重，这时服务学习项目的有效性最为显著。

---

① 鲁道夫·普法伊费尔. 项目教学的理论与实践 ［M］. 傅小芳，刘玉玲，译. 南京：江苏教育出版社，2007，（01）：4.

② http://www.stanford.com/academics

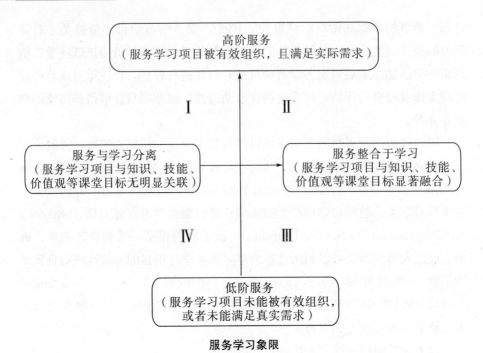

服务学习象限

服务学习象限适用于对服务学习项目的设计进行评估。服务学习项目坐标应尽量落于第Ⅱ象限的目标，编者认为有效的服务学习项目应满足这些特征：具有明确的课程目标；服务项目实施的目的与课程内容、学科知识应用以及学生个人知识建构直接关联；让学生投身于可以促进其认知和发展的真实任务中去；让学生通过适当的评估来明确自己对知识内容和技能的掌握情况；提供满足社区真实需要的明确服务任务，这些任务的完成会对学习或社区产生一定影响；运用持续评价来跟踪服务学习过程及其结果；在服务方案的选择、设计、实施和评价等方面给予学生尽量大的主动权。

（2）服务学习量规。Service E-Learning 2000 Center 通过与数千名教师的合作研究发现，成功的服务学习通常包含 7 个要素：对学习的整合、高质量的服务、服务学习参与率、持续的学生意见、公共责任意识提升、充分的反思支持、明确的评价方式。基于这 7 个要素，Service E-Learning 2000 Center 构造了一种简便的服务学习评价工具——服务学习量规。教师和其他服务学习组织者可以利用该工具来对服务学习项目的有效性进行评估，并据此获得改进意见。

第四章　服务学习与大学生的素质教育以及社会责任

4.1　引言

关于服务学习的定义、历史及发展线路、服务学习的经典范式模式等前已言之，不再赘述。然而，服务学习这一制度又为何能在大学生群体中大放异彩，在如今逐步重视素质教育的中国大有用武之地呢？这一课题并没有被过多地探讨。换言之，服务学习是怎么反作用于素质教育，又是以何种姿态履行的社会责任？如果说，前面叙述的是既成结果，是根据大部分欧美国家近百年的理论研究、探讨和经验凝结而成的定义、定理，本章则更着重于理论（服务学习）和实践结果（达到的素质教育效果和履行的社会责任）双方所隐含的内在联系的推导与论证。

需要指明的是，普遍意义的服务学习是包含社会上各个群体的。20 世纪 40 年代，随着 GI 法案的签署，军人正式成为服务学习的大家庭中的一员；60 年代，RSVP 项目预示着老年人进入了服务学习的队伍。所以，服务学习从诞生起，面向的人群就是广大国家公民，即是有着普遍社会意义的一项活动。

这一章我们主要研究大学生群体中的服务学习以及服务学习和素质教育与社会责任的关系。原因有以下三点：

（1）服务学习在诞生之初就以大学生为主体，而在发展过程中，大学生更是推动服务学习发展的主要力量。例如，服务学习的萌芽阶段即受佐治亚大学座右铭"教学、服务及探究事物的本质"的影响；后来在服务学习发展历程中里程碑式的重大事件有"教育合作运动"（Cooperative Education Movement）、"城市团"（Urban Corps）以及专注大学生群体创立的"校外服务机会联盟"（Campus Outreach Opportunity Leagues，Cool Club）和

"领导学术学院"（The Leadership Academy）的建立，"通识教育与公民参与中心"（Center For Liberal Education and Civic Engagement）、"服务学习与社区参与研究国际协会"（The International Association for Reasearch on Service-Learning and Community Engagement）等机构的成立更是对服务学习的发展成熟做出了深远的贡献。

（2）大学生群体具有典型性。大学生的本身属性和其社会属性决定了对其进行研究的代表意义和典型意义。大学生作为学生群体，具有时间离散性、知识片面性、生活能力不完善等特点。这正是大部分服务学习群体的共有特点。对大学生群体的研究具有以其他群体为对象的研究难以企及的参考价值和指导意义。

（3）本书受研究对象和篇幅大小所限制。本书的研究对象为大学生，对大学生进行针对性研究是十分必要的，有事半功倍的效果。

服务学习对社会发展有着积极有效的影响。本章将对这些影响进行具体讨论分析。

4.2　大学生社会责任的定义

马克思曾说："作为确定的人，现实的人，你就有规定，就有使命，就有任务，……这个任务是由于你的需要及其与现存世界的联系而产生的。"[①]社会责任是每个公民生而有之的社会属性，是重要的研究概念。

公民的社会责任由于有不断重叠交叉的结构、价值和解释，很难进行准确的描述。蓝采风在其所著的《服务学习》[②]中进行了定义：公民社会责任意味着用一种可知的、承诺的和富有建设性的行为方式积极地参加社区中的公共生活，致力于共同的利益；并提出"公民社会责任"一词涵盖了这些概念：人民社会生活，公民角色的互补观念、社会责任，公民参与以及社区参与。

上面还总结了社会责任意识的定义特征：

（1）用可知的行为方式处理社会问题。

---

① 马克思，恩格斯. 马克思恩格斯全集［M］. 北京：人民出版社，1965：369，第三卷.

② 蓝采风，许为民. 服务学习在高等教育中的理论与实践［M］. 杭州：浙江大学出版社，2011：7.

（2）显示出对法律的尊重和异议。

（3）意识到法律上以及文化上对公民身份的不同定义。

（4）积极参加服务社会的活动，而不是做一个被动的公民。

（5）在权利和责任之间建立一种平衡的关系。

（6）理解共同利益的概念以及由谁界定洽谈的分歧。

（7）有机会并愿意参与社区的决策制定过程，熟知"参与性民主"的概念。

（8）对政府的政策以及执行进行质疑。

（9）有机会决定改变公共政策的方式。

（10）行使管理职责，对社区负责。

（11）意识到每个人的价值以及个人尊严。

以上 11 条可以初步解释为，在尊重法律的基础上，充分发挥主人翁精神，以公共利益最大化为目标，用可知的行为发现、解决社会问题。

对于大学生来讲，在完全满足上述特征的基础上，相比其他受众，作为知识分子，具有将自己所学知识回馈社会的社会责任。

在社会主义核心价值观下，大学生应向"富强、民主、文明、和谐"的核心价值体系靠拢，以"建设富强民主文明和谐的社会主义现代化国家"为奋斗目标。故此，社会责任内涵又可以细化为以下四点①：

（1）经济责任。经济责任是指通过创新、自己的城市劳动为国家创造财富，并获得自身回报，以保障个体的可持续存在和发展的责任。

（2）法律责任。法律责任是指具有"契约意识""法律意识"，遵纪守法，维护法治社会的责任。

（3）伦理责任。伦理责任指的是遵守大部分社会成员所期望或禁止的、尚未形成法律条文的活动和做法，对自己行为负责，是为自己、他人、社会、国家服务的责任。

（4）慈善责任。慈善责任指的是符合社会主义最高价值观"人的自由全面发展"并且为这一价值观的践行、传播和维护贡献自己力量的责任。

---

① 刘政军，朴勇慧. 社会主义核心价值观下的大学生社会责任研究［J］. 理论界，2009：182.

4.3　中国素质教育和大学生素质教育的现状

4.3.1　素质教育的内涵与目的

素质在"素质教育"中的解释是：人通过合适的教育和影响而获得与形成的各种优良特征，包括学识特征、能力特征和品质特征。

注：这些特征的综合统一即构成了从事社会生活、参与社会活动的基本素养和条件。学识特征指基础知识、基本技能、基本思想和基本活动经验；能力特征主要指发现与提出问题的能力和分析与解决问题的能力。

素质教育是把教育过程中的学生培养成现实的人、人性的人、智慧的人、创新的人的教育。

国务院指出："实施素质教育，就是全面贯彻党的教育方针，以提高国民素质为根本宗旨，以培养学生的创新精神和实践能力为重点，造就'有理想、有道德、有文化、有纪律'的、德智体美等方面全面发展的社会主义事业的建设者和接班人。"①

柳斌同志提出素质教育的三个要义：第一，面向全体学生；第二，德智体全面发展；第三，让学生主动发展。

实施素质教育的根本目的，一是为了学生更好地发展，二是为了社会更好地发展②。

素质教育的意义早已不限于纠正应试教育、作全面发展的注脚、简单地鼓励走出书斋。随着素质教育在中国的发展，它的内涵已扩大为：加强科技教育和市场意识，在更加满足个人需要，重视学生主体的同时满足社会需要。

潘懋元在《试论素质教育》中提到："要把个人发展与社会发展两种教育的基本功能统一起来，就必须提高受教育者的全面素质。这就是我们所理解的素质教育的意义。"

由此看来，素质教育的根本就在于在以人为本开发个人潜能的前提下，

---

① 中共中央国务院. 关于深化教育改革，全面推进素质教育的决定［D］. 1999.

② 素质和素质教育的定义主要参考：史宁中. 素质教育的根本目的与实施路径［J］. 教育研究，2007，（8）.

使得个人的发展能有效促进社会的发展。

不难看出，素质教育的目的主要为两部分：第一部分为提高个人能力。这些能力包括知识学问、创新能力、自由竞争能力等。第二部分为履行社会责任，第二部分又包括使学生具有社会责任意识和履行社会责任的能力两部分。

大学生作为学生群体中的一员在完全满足上式定义的基础上，由于工作的临近性，对素质教育成功实施的需求也更加迫切。

4.3.2 已进行或正在进行的举措

素质教育举措因地区不同导致经济情况、政策等不同，有目标一致、方法各异的特点。不考虑偏远地区、应试教育尚不完善的地区（如四川山区等地），参考经济不发达无余力开展素质教育的地区（如甘肃部分地区），重点综合素质教育开展时间较长、形式较丰富、效果较显著的地区（如北京、上海）进行的举措，经过整理，分为以下六类：

（1）提出口号，发展目标。名正则言顺，口号和目标是大力开展素质教育的决心的体现；大肆宣传的口号也从侧面起着舆论监督的作用。几乎所有准备成功开展素质教育的教育部门、学校均提出口号和发展目标，并公之于众。

例如："把我校办成'精神文明的校园，培养人才的学园，激发兴趣、发展个性的乐园，优美整洁的花园'"（河南省灵宝市实验小学）、"崇德、博学、创新、求实"（中国人民大学附属中学）、"以学生为本，以德育为先、以引导为主、以服务为魂"（西京学院）

（2）完善相关规章制度。

①完善管理条例。不完善的管理条例法治难以逾越的障碍，更是推崇开展正确价值观方法论的"素质教育"道路上难以逾越的第一道鸿沟。

②完善相应指导性纲要。在各类工作文件中加入素质教育板块，使得素质教育正式成为高校教育的目标之一，从而使教职员和学生从根本上正视素质教育。

③构建综合素质教育评价体系。将素质教育成果转化为证书、分数、绩点，能有效驱动目标，从而形成教师主动开展、学生主动参与素质教育。

（3）开展丰富的选修课程。开展非专业的公共选修课，如面向理工学生的历史课程，或与专业相关的选修课，如面向计算机系的编程实战课程。例如，复旦大学面向所有学生开展"昆曲欣赏"课程。

（4）组织专题讲座。邀请专家学者开设专题讲座，主要是文化方面讲座。在保证讲座质量的同时，专家的参与可以吸引更多慕名而来的同学参加讲座，从而提升同学的文化素质，例如，四川大学开设的时间稳定、内容丰富的人文讲座系列。

（5）大力发展社团，鼓励学生活动。鼓励学生创办各类与学习或兴趣有关的学生社团，鼓励教师成立学校专业社团或加入和指导学生社团。

截至 2010 年，北京大学社团总数已达到 272 家，内容涵盖政治理论、学术科创、文化艺术、体育健身、公益志愿、实践促进、合作交流、地域文化等八大类，生动体现了中国大学社团的蓬勃发展的大好局面。

学生社团普遍表现为组织效率差、影响范围小、活动形式不成熟等（不排除个例）。

学校官方社团主要有两大类：志愿者社团和学术性社团。它们普遍具有申请活动周期长、活动复杂性较低和活动影响范围大但参与人数有限制等特点。

（6）建立素质教育基地。素质教育基地是跨学校、跨学科交流的平台，既是目标明确易于管理的制度形式，也是学生寒暑假期间的素质教育活动中心。

例如，北京大学与齐齐哈尔中学共建的青少年素质教育与才能培养实验基地。也有非学校主导基地，如杭州市教育局批准建立的杭州长乐青少年素质教育基地等。

4.3.3 国家、社会提供的支持和配合（人力资源、物力资源）

现阶段对于素质教育，政府的主要举措有以下 4 个方面：

（1）设立相关规定，下发文件，将素质教育提上议程并积极开展。

1）如 1997 年通过的《关于当前积极推进中小学实施素质教育的若干意见》和 1999 年中共中央国务院通过的《关于深化教育改革，全面推进素质教育的决定》，将素质教育提升到法治层面。

2）进行制度改革，弱化应试教育的重要性。例如，天津、上海等地取消初中招生考试，高中招生实行"统考＋名额分配"等。

（2）运用经济杠杆进行调节，如进行财政拨款、预决算的审核、行政收费的审批等。

（3）进行教育督导和相关调研视察并进行考评激励。进行教育部门至更高级别的领导视察，督促资金的下发，应用和相关活动的开展；在调查中发现问题以便更有针对性地进行拨款等。

（4）进行教学方法改革和教学组织形式的尝试。在政府主导下，部分省市展开了以小班教学、走班教学、绩点为主要评价标准的教学体系，在大学之外的中小学中展开尝试。

4.3.4　现阶段素质教育的效果

一方面我们不能磨灭现有的教育成果，例如，社团数量的上升背后是学生业余生活的丰富、动手协作能力的提高；北京等升学压力不大的地区课业压力减少，上课时间一再缩短，使得学生有余力展开其他活动，也有余力发展自身素质；长久来看，越来越多学生逐渐摆脱"书呆子"形象，更注重自己兴趣的培养，做到学以致用，以兴趣推动学习。另一方面，现阶段素质教育的面临的问题，更应该引起我们的高度重视。

在经济能力足够开展素质教育的地区，由于高考制度滞后、教育立法滞后、教师研究滞后[①]等问题，素质教育并未达到预想效果，甚至演化成了另一种意料之外的教育形式。编者将它起名为"应试素质教育"。

首先，长期的应试教育模式积重难返，这意味着更严峻的问题，即领导的教育思想和师资难以达到素质教育要求。其次，在"学习成绩"被弱化后，"动手能力""创新能力"被量化，广义上的"学习成绩"并没有减少比重而是增加了含义，从"学习数学、语文的成绩"增加到"学习围棋、小提琴的成绩"，甚至由于一些学校出台鼓励进行体育兴趣发展的体育加分政策，也增加了"学习足球、排球的成绩"。

宏观上看，学生非但没有减负，反而背上了更沉重的包袱。由于学生大部分"兴趣"是由家长根据自身兴趣、社会流行因素等替代学生决定的，这就使得业余爱好在一些学生中越来越"专业"化。

综上可以看出，素质教育任重道远。

4.3.5　现阶段素质教育在教育履行社会责任时面临的问题

结合社会责任的定义和素质教育的目标以及已展开和将要进行的举措，我们不难得出以下结论，素质教育目的中最重要的部分就是教导学生拥有社

---

① 钟启泉. 中国课程改革：挑战与反思 [J]. 比较教育研究，2005，(12).

会责任意识和履行社会责任的能力，并能积极履行社会责任。

首先，现阶段素质教育将重点放在培养学生的"文化素质"方面，可以有效促进学生拥有"社会责任意识"。

另外，精彩纷呈的社团活动、学生活动，如学生电影节、游戏嘉年华、圣诞舞会等学生自己组织的活动和组织俱乐部等以交流生活经验为主题的社团，毫无疑问地锻炼了学生履行社会责任的能力。

然而，恰恰因为课本知识与兴趣爱好的双重捆绑，学生工作的大量时间被压缩，"积极履行社会责任"这一最重要也是最本质的环节被大大忽视了。虽然有志愿者社团定期举行回馈社会的志愿活动，部分专业社团组织有一定能力的学生进行实习等，但是由于人数和专业知识的完备程度等的限制，使得参与学生远远少于大学生总数。

不得不承认，素质教育在教育学生履行社会责任时面临很严峻的问题。

4.4 服务学习与两者的衔接联系及发挥的作用

美国在 20 世纪 70 年代因高中教育失败而使学生孤立于真实的社会生活，未能真正扮演他们成人的角色。中国教育更是面临着如何衔接校园教育和社会责任的严峻考验。

现阶段全面开展的素质教育是国家认可并进行大力推广的唯一解决方案。然而，这一方案存在诸多不足和隐疾，并未能很好地完成历史使命。

基于对发达国家高校教育模式的研究，我们有理由相信隶属于素质教育范畴的服务学习可以解决上述问题。

4.4.1 服务学习的最终目的和手段与素质教育一致，服务学习是素质教育的实现方法之一

服务学习（Service-Learning，以下简称 SL）的概念和主要内容，前面已经进行了详细的分析与论述。为节省篇幅，下面进行简要分析。读者可参考本书第一章、第三章的内容。

SL 是经验式的学习，是课程的一部分，它的起源和发展都与学校息息相关，是学校主导下的学习模式。

第一，SL 的性质决定了其可以应用于任何专业或学科领域，可以面向全体学生；并且 SL 属于广义的公民参与的范畴，其本身定位就是面向全体

学生的社会改革运动；多数 SL 实例表明，几乎所有的 SL 活动都是全校强制性参与的，这进一步保障了其作用对象是全体学生。

第二，一些报道证实[①]，学生选择 SL 后在学术技能以及公民发展上均有明显进步，比未修习 SL 的同学进步得多。这些学生经历了领袖能力、时间管理、沟通技巧、自我发现、研究方法技巧、面谈技巧、一般服务技巧及写作技巧的训练。这些无疑都从正面促进了学生的全面发展。

第三，服务学习的主要活动区域是教师与社区，准备工作的增加（相比传统课程增加了个人特质和服务地点访问）、学习内容的增加（相比传统课程增设了经验学习和长期学习）、评估方式的增多（增加了督导和自我评估）均要求学生被迫或主动地进行实践学习，从而培养学生主动学习的习惯。

以上三点均能证明，服务学习满足素质教育的三点要义。

4.4.2　服务学习的顺利开展需要的社会资源与素质教育相同

1985 年，美国印第安纳波利斯大学主办的高等教育服务学习研讨会曾邀请印第安纳校园联盟作为协办单位。此联盟的主旨：提供大学行政人员、教授、职员、学生及社区伙伴建立社会网络及专业发展的机会；提供资源、奖金及技术协助给教授以加强与社区的伙伴关系；提供服务学习最佳实践模式以供各州大学参考；提供各联盟大学会员做研究计划的平台。可以看出，SL 的需求即为大学教职工、资金需求、技术需求。

蓝采风的著作《服务学习：在高等教育中的理论与实践》中清晰地总结了成功的服务学习需要何种资源的支持与配合。他的结论与本书的分析相同：①包括学校教师在内的人力资源；②提供相关资讯，联系时间地点和组织者，保障安全提供资金，能够组织 SL 策划实施物力资源。

这些资源均在我国素质教育的国家支持范畴内，这说明服务学习在我国的展开无疑有着深厚的实践基础。

4.4.3　服务学习可以解决现阶段素质教育面临的瓶颈问题

素质教育在我国的现状是着重培养文化素质，忽视实践。亚里士多德划分卑贱教育与自由教育十分彻底，把美术音乐、绘画、雕刻等一并划为"卑贱"艺能的一类。如果我们忽视"卑贱"一词的浓重色彩，分析如此划分的

---

① Astin, er al., 2000；Prentice&Robinson, 2010.

理论依据，就会发现，亚里士多德针对的正是我国特有的"应试素质教育"的特点，即将美好的音乐、绘画、舞蹈做了量化与专业化，丧失了其本身的美好性。

而服务学习恰恰是以个人为本，注重个人发展的特点，学生可以自由选择服务的内容，从而真正实现"素质教育"。

4.4.4　服务学习可以完全解决如何培养大学生社会责任这一问题

（1）服务学习使大学生在学生期间即能履行经济责任。服务学习蕴含一种哲学理念，它不是把青年人士视为社会问题导因，而是视青年人为社会潜在的资源；社区则是青年身心发展的自然实验室（Denton，1997&1998）。SL 倡导的是参与回馈社会、创造财富的活动。

（2）服务学习是学校领导和组织进行的合理合法的活动，它致力于使社会更加美好。参与服务学习既履行法律责任也履行伦理责任。

（3）服务学习是社会鼓励发展个人价值的产物，本身符合"人的自由又全面发展"的社会主义最高价值观。在参与 SL 中，每一名同学都将结合自身特性（服务学习的准备工作之一即包括个人特质的认定，见第五章）进行活动，也将鼓励他人结合自身特点进行服务，履行了慈善责任。

1990 年，"光明点基金会"（The Points of Light Foundation）通过的《国家与社区服务法案》（National and Community Service Act）对服务学习下了一个广泛的定义：①学生利用服务经验以活跃的参与方式学习与发展，也通过学校与社区的密切合作使这些活动能够满足社区的真正需求。②这些活动与学生的学术课程整合，它有机会让学生反思他们在真正的服务中所做与所见的一切。③这些活动使学生有机会将新学到的技能和知识运用于他们社区中的真实情景，鼓励学生将在学校学习到的知识推广到社区中。

从以上三条规定可以看出，服务学习不仅致力于让大学生拥有社会责任意识，拥有履行社会责任能力，而且致力于使其在大学期间真正步入履行社会责任的队伍中去。

4.4.5　服务学习可以解决现阶段许多社会问题

综上，服务学习可以初步解决以下三个方面的问题：

（1）针对学生群体：SL 的特点和案例表明，可以解决应试教育带来的被动学习、不善思考的积弊，可以解决长久以来因"各扫门前雪"躲避麻烦所体现出来的公民意识淡薄的问题，可以解决长期以来成绩驱动的学习带来的学生动手能力交流能力的丧失和对未来职业的迷茫、恐惧、不认同等问题。

（2）针对高校教职工群体：可以促进教师职称评价标准的进一步完善，加入指导、研究服务学习相关内容，改变长期以来高校单一注重论文、著作，忽视教学的局面。

（3）针对社会问题：服务学习可以带来源源不断的劳动力，从而有效解决老龄化等问题导致的劳动力缺乏问题。

服务学习是对多学科混合学习的进一步实验，是多角度同时解决问题的低成本尝试。

服务学习是一项必须经过多年从下到上、从上到下的实施才能完美发挥其作用的工作，其带来的优势值得我们这一代人为它奔走、研究与执行。

第五章　服务学习的本土化

5.1　服务学习在中国的发展历史

服务学习是 20 世纪 60 年代在美国兴起的新型的教学和学习模式，虽然形成时间不长，但是发展迅猛。在很长一段时间内，服务学习被认为同教学和研究一起，构成了高等教育的三大任务。以下从内地和港澳台地区两个方面探讨服务学习在我国的发展历程。

5.1.1　服务学习在港澳台地区的发展

近年来，服务学习在中国香港特区和中国台湾地区发展迅速。香港特区于 2000 年开始将服务学习列为学校课程中 5 项必需的学习体验之一。此后，香港的服务学习进入了蓬勃发展的阶段。香港浸会大学、岭南大学、香港中文大学、香港理工大学都陆续开设了服务学习的课程。2004 年，岭南大学将服务学习纳入学校的课程，并且建立了亚洲服务学习网络平台。香港中文大学崇基学院服务学习计划开始于 2000—2001 年，其服务学习的理念就是"培养公心"，即培养学生的公心和责任感；此外，香港中文大学服务学习课程走国际化道路，要求学生到其他国家进行国际交流。香港理工大学先后与日本京都大学、美国华盛顿大学、北京大学、四川大学、北京师范大学建立合作关系，在全球开展服务学习活动。

据台湾地区教育机构统计，2006 年有 87 所高校开设服务学习课程，1 373 名教师参与服务学习项目，62 212 名大学生参与课程学习，平均每周每名学生参与时间为 1.3 小时。台湾地区的教育机构已经将服务学习列为评估学校办学业绩和当局提供资金的重要重要指标之一。东海大学的服务学习计划项目是台湾地区高等教育服务学习计划实行得最好的学校之一，有着相当完善的制度和结构。

5.1.2　服务学习在内地的发展

在内地，服务学习起步较晚，目前还处于初始研究阶段，多数是在对美国服务学习研究的理论上的评述和综述，侧重点在服务学习的定义、特点、历史、理论基础、类别以及影响上。虽然也有一些探究服务学习是关于我国高等教育中的社会实践启示方面的，但是很少研究如何将这个理念融合到当前的大学课程中去。在服务学习的实践方面，南开大学、云南大学、清华大学、汕头大学、浙江大学宁波理工学院等高校尝试着开展了一些服务学习的课程或是实践活动。例如，在亚洲基督教高等教育研究会的支持下，云南大学社会工作系的教师为社会工作专业的学生开设了服务学习课程，使学生有机会参与社区服务，以满足当地社区不断增长的需求，同时也为老师和学生提供了高质量的实习经历。

案例一①：2007年南开大学申请开设服务学习课程并得到批准，首次将服务学习建立为无专业、无年级限制的大学公共选修课，采用服务学习模式，通过开展大学生到社区中服务儿童的实践活动，建立青年与社区、儿童的成长关系；由社会工作专业教师作为服务学习课程的老师，并且提出"社工带动义工共同服务社会"的口号，向大学生普及社会工作的理念和服务方法。

南开大学将服务学习课程列入计划内的选修课程，计1.5个学分，在一个学期修完。课程每个学期都向全校各个院系的学生开放，并且不断更新和修正每个学期的内容，使其有长效的生命力。服务课程的团队由南开大学社会工作和社会政策专业的老师担当，课程中进行辅助教学的"种子同学"也都是有过实践经验的社会工作专业的高年级同学。学习时将社会工作的专业知识和专业技巧与服务课程相结合，如在服务学习课程中设有社会工作的伦理价值、个案、小组、社区专业的工作方法介绍，工作案例的解析以及运用社会工作技巧进行的提高人际交往、团队协作等能力的培训，并注重课程专业性和通用性的安排，以更好地促进学生能力的提高。

每学期的服务学习课程通常分为两部分，一部分是课堂学习与体验，另

---

① 张翠翠."服务学习"对于志愿者培训体系建立的启示——以南开大学"服务学习"课程为例 [J]. 广东青年干部学院学报，2009，03：49-53.

一部分是社区实践。服务学习的课堂学习通常是两个课时，采用的是一个课时讲授理论，另一个课时进行技能实践的教学。如在课程中有关于社会工作小组技巧的讲授，在介绍小组的方法、理论和技巧后，会由"种子同学"带领同学体会小组活动、机构和社区实践以及反思学习，通常配合课程的讲授安排或集中安排在学期的后半段时间。在一学期的服务学习课程中，会安排4到5次社区和机构的探访，通常是根据专业知识学习的需要安排的。

服务学习的期末考核办法，是由专业的教师和机构督导以及课程中的"种子同学"组成评审团队，服务学习的同学各自组成不同的团队独立完成一项志愿服务或是活动，从联络、组织设计到提供服务，最后评估的整个过程均亲自参与，还要完成相应的服务反思报告，再对各个小组的活动过程、活动展示、活动反思进行综合评价考核。

从南开大学的服务学习课程实践可以看到，服务学习课程能够培养更多的同学树立在服务中学习的理念，能够更好地传播服务精神，有效地推进志愿服务专业的进程。服务学习课程在学校的体制下提供了稳定长效的培训机制，培训内容范围更宽，培训的技术适应性更广，有助于激发志愿者自身的学习动机和参与意愿，有利于志愿者综合素质的提高。同时在学校的体制下，比较容易获得人力和物力，既节省了资源，也使培训更加有效。

案例二[①]：浙江大学宁波理工学院从 2007 年起开始积极探索应用型人才培养的改革路径，从提升原有暑期社会实践活动方式和内容入手，开展了"行走的新闻"的系列服务学习活动。

在"行走的新闻"活动中，学生参与服务不只是一种公益性的安排，而是与专业学习的加强紧密结合，是根据学生主体"实践—认识—再实践—再认识"的认知规律特别设计和精心组织的，旨在通过服务的实践，深化对专业课程知识的把握和理解。在实现服务学习目标过程中，"行走的新闻"以整体规划、课堂培训、社区实践、小组研讨、题目策划、共同写作等环节为支撑，通过精心设计的项目来激发学生专业学习的兴趣。服务学习理论特别强调在服务前、中、后各个阶段安排充分的时间来进行反思与评价，以保证各个环节的衔接和有效。在"行走的新闻"活动中，服务前反思是安排学生

---

① 许为民，刘建民，李成刚，赵迎宪. 服务性学习理论的一个中国案例——"行走的新闻"教学活动分析 [J]. 中国高教研究，2009，12：79—81.

通过咨询相关部门、先期考察调研和收集资料，对特定主题下的新闻服务目的、新闻采访对象、记者身份与大学生角色等进行了解、思考和认识；服务中反思是在出发前组织专门的培训，例如，团队协作、主题发掘、问题拟定、采写规范等，之后是学生根据自身角色去亲身实践、发现问题、解决问题；服务后反思是所有学生以小组为单位，通过个人总结、小组讨论、调研报告、实践报告等形式，最终形成"行走的新闻"年度报告书稿，并对书稿进行编辑处理。教学活动评价则通过年度报告会和年度新闻奖的形式进行全面考评。"行走的新闻"服务学习将系统的反思与评价贯穿于全过程，形成学习—实践—反思—再学习—再实践的有效闭环，促进学生重构自身知识体系，螺旋式提高学习知识能力、反思思维能力和创新能力。该活动属于短期的服务学习，它在形式上整合"全校性活动""与课程相关活动""专业定向活动""学生小组活动"等不同类型的服务学习于一体，以严密的组织体系加以保障。这个组织体系确保了两条线的有效运行，形成了"总队—县市区分队—执行小组"的组织架构，分别选拔的"总队长—分队长—小组长"形成的责任系统。小组形成在先，而后采取自由组合、后期调整的方式。小组规模一般为2~4人，成员需兼顾沟通能力、采访能力、写作能力、摄影能力以及方言能力等，组长带队执行服务学习全过程，并最终提交学习成果给分队长。县区市分队一般由3~7个小组组成，分队长由专业学习能力较突出的学生担任，负责分队内所有小组的行动调度和调研成果书面整合。每一个县区市分队配备1~2名专业指导老师。总队长负责贯彻落实活动组委会的意图，在活动总指挥的指导下落实"规划、培训、服务、反思、评价"等各环节的专业细节要求，并组织编辑小组对学习报告进行初编处理，最后由专业教师编定。

案例三①：云南大学作为中国大陆地区最早开展服务学习探索的高校之一，在结合自身特点学习国外经验的基础上，开展了"与课程相结合的服务学习模式"探索。2007年，由云南大学社会工作研究所资助的"老年社会工作"服务学习项目在昆明市某老年公寓开始实施，通过社会工作专业的教师和学生开展老年社会工作务实及其行动研究，尝试性地将社会工作专业的

---

① 《与课程相结合之服务学习模式初探》. 原文载于：中国高校服务学习研讨会专题网站http://fwxx. stu. edu. cn/，2010年10月15日。

理念、方法和技巧在公寓的服务和管理中加以运用，对如何通过社会工作的介入，解决当前养老机构中普遍存在的基本生活护理措施虽然比较完善，但老年人的心理和社会发展需求得不到较好满足的现实问题进行研究和探索，以提升入住机构老年人的晚年生活质量，促进机构的专业化发展。该项目作为学校的一门专业选修课，课程学分2分，每周课程教学2小时，教学内容主要安排两个部分：一是课堂理论讲授，前11周从定义分析和基本理论讲解入手，结合小组讨论、案例分析等方式使学生对老年社会工作的理论基础以及相关知识有准确的认识。二是服务学习分为两个阶段，第一阶段是与老年公寓协调，进行机构探访，做服务前的需求评估、学生分组、合作安排、制订服务学习计划，第二阶段是学生分批到昆明市社会福利院老年公寓提供专业服务，每周回到课堂相互分享与讨论。

在设计该项目时，必须对社会需求进行充分的评估，保证所开展的社会服务符合时代和社会现实需要，从而成为具有教育价值的活动。在任课教师和同伴督导的指导帮助下，选修该课程的33名学生分4组利用课余时间为居住在昆明市某老年公寓的老年人提供服务。第一组学生以两名学生对应服务一位老人的方式，尝试运用老年个案工作的理论、方法和技巧来与8位老人建立信任关系，收集资料。如果通过评估确定老人需要个案辅导，则制订并实施服务计划；如果评估结果是老人不需要专门的个案辅导，则陪老人聊天、散步，提供力所能及的生活协助。第二组学生在教师和同伴督导的指导帮助下，根据前期的需求以及自身能力评估，开设"老年公寓工作人员压力释放小组"和"老年人兴趣小组"。第三组学生经过社区调查以及需求评估，在老年公寓开展社区工作，组织了一场旨在促进老年人、老年人家人、机构工作人员、学生四方相互沟通和交流的联谊会。第四组学生为一人，担任项目协调员，协助督导做好项目的协调和管理工作。学生每周回到课堂分享小组进展情况、遇到的问题以及感受思考，教师结合课堂知识给予回应解答，引导学生讨论、思考。在小组活动开展的过程中，指导老师和同伴督导全程观察，如果发现原则性错误，当场纠正或是弥补，以免伤害服务对象，在小组活动结束后，接着进行现场督导。在服务学习项目结束时，学生、教师与老年公寓的入住老人以及工作人员一起策划一个晚会，作为告别总结。

对服务学生的评估由三部分组成。其中平时成绩占10%，根据课堂出席情况以及讨论积极性与服务活动参与度给分；期中成绩占20%，采取开卷考试的形式，要求从"老有所养、老有所医、老有所为、老有所乐"中的一个方面对中国内地老人工作的现状进行简要介绍并评析；期末考试占70％，采取闭卷考试的形式，主要是结合学生的服务学习实践来出题，题型多为开放题。

从上面可以看出，服务学习在内地处于发展的起始阶段，大有蓬勃发展之势，但也暴露出在发展过程中存在的相关问题和特点。下面就分别从体制建设层面、学校层面、学生层面、教师和课程设计、合作机构和社区等方面简要阐明相关的情况。

5.2 本土化进程现状

5.2.1 体制建设层面

中国内地的服务学习主要是在少数几所高校内开展了相关的活动，国家层面对此尚没有相关的政策支持或是法律规定。服务学习对培养公民的责任意识等具有重大的意义和作用。服务学习是高校培养学生的一种途径和手段，高校可以凭借其独特的优势承担服务学习的主要任务并作为主力军来开展相关活动，国家层面应该有更多的扶持和指导。比如服务学习开展比较成熟的美国，有专门的组织和机构来统筹协调全国的服务学习活动。中国内地缺少专门的组织和机构来统筹协调全国的服务学习活动，例如，制定服务学习方针政策，制定与服务学习相关的法律法规。服务学习具有很强的社会属性，能够直接惠及社区居民，所以政府在财政、人力、资源等方面应该做出进一步的倾斜。结合当前的实际情况，建议政府成立相关的全国性组织和机构，通过颁布方针法规、借助财政物力来推动以高校为主力军的服务学习活动。

5.2.2 学校层面

从内地几所开展服务学习的高校来看，主要有学校开设选修公共课、院系借助"三下乡"等团委活动开展服务、个别专业结合专业特点开展对口的服务学习活动。现阶段还没有学校有专门的机构来管理和指导服务学习活动，也没有设立专任教师和建立相关的制度。大多都是在小范围里，随意性较大，持续时间较短，大学和社区之间也没有建立很好的联系。在今后的发展过程中，高校应该设立服务学习相关的机构，以指导校内的服务学习活动的开展（这包括活动项目的选择、课程开发设计、教师待遇评定、规章制度

拟定与监督执行等），对外协调好同社区、公益组织之间的合作。

5.2.3 学生层面

中国台湾地区辅仁大学和中国大陆南开大学在开展服务学习的过程中，都是采用种子志愿者的模式，这种模式值得推广，但在开展的几所大学里面，要么是一次性活动，要么是活动的传帮接替度有待提高。未来的发展方向可以是建立相关的服务学习学术性社团，招募有兴趣、有能力做服务学习活动的学生作为种子选手，带领学生开展服务学习活动，确保服务学习活动的连续性和高效性。服务学习课程对国内高校学生来说是一个比较新颖的概念，并不是传统的课堂简单教授的模式，学生仅听课不行，还得积极去学习，让自己主动融入其中，作为课程的主导人去推动服务学习课程。它不同于社会实践和实习，服务学习对反思和总结要求很高，而且对服务的深度和专业程度的要求很高；同时，它和志愿服务不同，不仅仅是奉献，也强调互惠。因此，这个对学生来说是一个不小的挑战。从国内推进的反馈情况来看，学生的参与热情程度、学习的动机以及主导配合意愿都有待提升，在开展的活动中，有些还停留在服务的表面化层面，没有体现一定的专业性。要摆脱传统的志愿服务模式，不要一味强调奉献而不求回报，而是需要强调互惠，能够给学生带来学业或是专业技能方面的锻炼与提升。服务学习作为一个偏重于实践的课程，主要是学生利用课余的时间去开展相关的学习，时间安排是否妥当，以及选修课的形式是否合理，学生的参与意愿是否达到相关的要求，都值得商榷。

5.2.4 教师和课程设计

服务学习虽然强调学生自主参与课程和实践活动、主导活动过程，但是老师仍然是服务学习的活动过程中的一个重要角色，例如，活动前期的课程设计、授课培训、活动全程的跟进监督反思总结等。为了做好服务学习活动，在授课压力增大的情形下，老师需要额外投入更多的时间和精力到该活动中，而现有体制中，尚无专门的老师负责这方面的课程活动，也没有相关的评定标准，所以给老师带来很大的压力和困惑，也直接影响了相关服务学习的项目活动的推进的工作。在未来高校教育的服务学习推进过程中，要寻求合适的途径将老师参与服务学习活动作为一项指标纳入相关的个人考核过程，以此来保障教师的权益，更好地推进服务学习活动项目的实现。此外，教师的教学态度也需要转变，教师要从服务经历来影响个人和社区，培养学生的公民意识，更多地承担社会责任的能力，对新的教学理念进行探索并以此指导教学。

国内学校开展的大部分短期服务活动，仅针对特定的学生群体开设，而南开大学迈出了历史性的一步，面向全校学生开设了公共课，此举保障了学生都有机会参与该课程学习。台湾地区的辅仁大学开设了涵盖大一到大四的服务学习课程，保证学生每个年级都会有不同的服务内容，并且服务内容的难易程度依次递加。内地多数学校的短板是缺乏系统的培训课程和服务的计划，而这要涵盖全校不同年级的所有学生。在培训课程的设计上面，尽可能做到覆盖面更广、基础专业性更强。这些是未来在开设相关服务学习过程要注意的地方，对于低年级学生着重考虑基本的服务学习技能，对于高年级学生可以适当增加专业领域的服务学习技能的培训。

5.2.5　合作机构和社区

内地开展的服务学习社区活动大部分都是依托高校的影响力或是地域来开展相关的社区合作活动，而南开大学开启了与联合国儿童基金会合作开展服务学习活动的先河。国内做社区服务的公益组织很多，涉及面也很广，几乎包含各个行业、各个领域。未来的趋势应该是走和公益机构合作的路子来共同推进服务学习活动。目前高校和公益组织之间开展社区互动的合作很少，面临的困境是如何突破障碍找到合作共同点，发挥各自优势来互补推进。在实战实训方面，相关机构有丰富的经验而且对社区的情况比较了解，它们作为可与社区沟通的枢纽便于学生团队更好地了解社区情况，融入社区开展服务学习活动。服务学习是一项长期的稳定的活动，构建高校、公益机构、社区三方的稳定长期合作机制，协调解决来自各方面的问题是当前孵化项目的关键所在，也是内地发展的困境所在。

5.3　服务学习在中国的可行性分析（以高校为例）

5.3.1　高校的需求

党和国家历来重视高等教育的改革和发展。改革开放以来，中国的高等教育改革发展迅猛，其中主要体现在以下两个方面。一是逐步从精英教育向大众教育过渡。有资料显示①，在 1977 年恢复高考制度时，全国约有570 万人参加高考，大学录取名额只有 27 万人。从 1999 年中国实行扩招政策以来，大学录取率逐步提升，2004 年中国高等教育规模超过美国，跃居世界第一。2008 年，教育部公布当年报名参加高考的总人数创纪录达到 1010 万人，录取人数为 599 万人，录取率为 57%，是 1998 年的 5.5 倍。二是逐步从应试型教育向素质型教育转变，重视学生的全面发展。2003 年，教育部实施《高等院校教学质量和教学改革项目》，将高等教育改革的战略重点转移到提高教育质量和效率上。越来越多的高等院校结合自身的发展目标和办学理念，开始改革教学体系，为社会培养具有特色的创新性人才，满足社会不断增长的人才需求。虽然中国的教育改革取得了一定的成绩，但是高校教育改革进程面临着前所未有的困难和挑战，也暴露出存在的一些问题：教学内容空洞无趣、教学方法方式陈旧、学生丧失学习的兴趣、学生主动学习积极性不高、部分教师过分注重科研、专业理论教学与实践脱节、师生之间的交流互动缺乏、团队合作和归属感的缺乏。这些问题一直困扰着中国的高等教育改革的进程，亟须解决。高等教育改革的核心在教学质量上，要求不断深化教学方法和教学内容。

5.3.2　服务学习的可行性

服务学习作为高等教育的一种新理念，它将高等教育的使命和大学的宗旨以全新的、富有创造性的方式诠释出来，它注重的是大学的综合性、改造性和社区所起的作用。这种新的范式能够把具体的事实与一些异常现象结合在一起，这一点是传统的学术和传统的高等教育教学所无法实现的。高等教育中出现的问题（上述部分提到的）是传统的高等教育中没有认识到的脱节现象，更没有能力着手来解决这些问题。而相比之下，服务学习则可以更好地解决这些问题。服务学习带来的影响主要体现在以下几个方面：

一是拓宽了学生的知识视野，锻炼了其实践动手能力，拓展了其思维品质，提升了其公民素养。在服务学习的过程中，学生主导活动进程，自行规划，不断反思总结。这需要协调各方面的知识、技能，通过自己的努力去尝试解决问题，同时在服务社区的过程中，践行公民应该履行的社会责任。

---

① 蓝采风，许为民. 服务学习在高等教育中的理论与实践［M］. 杭州：浙江大学出版社，2011：219.

二是促进了教学质量的提高、教学内容的调整、教学模式和方式的改革。在服务学习的过程中，老师要摆脱传统的说教、以老师为中心的模式，转换成社区实践服务、学生自主规划的模式，老师作为引导者和监督者参与其中。以社区为课堂、以服务内容和对象为学习目标等的实战化演练走出了不同于传统的在课堂授课的教学模式，极大地提升了学生的学习兴趣，使得专业教学更加具有针对性和实效性。

三是体现了大学的开放办学理念，加速了大学融入社区的进程，实现大学的社会责任。服务学习是大学的基本责任的体现，要求大学生带着社会责任感参与社会并提供服务，有助于学生成为具有服务意识与奉献精神的公民，同时也给社区的发展带来巨大潜力和效益。

基于上面提到的高等教育改革中存在的问题以及服务学习这一全新的高等教育理念带来的影响，可以预见服务学习与中国的高等教育有很好的契合度，能够很好地解决存在的问题。因此服务学习的中国高等教育本土化是可行的，而且也是很有必要的。

5.3.3　怎么进行服务学习

虽然服务学习对大多数的国内高校来讲是一个全新的理念，但是志愿服务、社会实践、专业实习等都已经在高校开展了很长一段时间，被人们广为熟悉和接受。如果在国内高校开展服务学习将会有现成的基础和资源，只需要在现有的志愿服务、社会实践、专业实习等项目活动中进行相关的调整，即可使得服务学习完美地融入中国高等教育体系并将其推广开来。以志愿者服务为例[①]：1989 年，中国首家志愿者组织——社区志愿者协会成立。1994 年，团中央领导的中国青年志愿者协会成立，旨在促进青年志愿者服务事业的发展，此后省、市、县各级志愿者服务组织相继建立。据初步统计，到 2007 年 12 月 12 日，全国共有 2.68 亿青年志愿者为社会提供了 61 亿小时的志愿服务，服务内容有扶贫、社区建设、环境保护、紧急救助、关爱儿童等。正式注册的志愿者已经超过 2500 万。2008 年，为北京奥运会提供志愿服务的人数超过 170 万人。数十万大学生利用暑假时间去农村和贫困地区开展社会实践和志愿服务。其中大学生志愿者的比重超过一半。还有社会实践

---

① 蓝采风，许为民. 服务学习在高等教育中的理论与实践 ［M］. 杭州：浙江大学出版社，2011：220.

活动，它是中国高等教育的重要组成部分，是社会和课堂的有机联系。一般都是在寒暑假开展活动，并且有专门的社会实践基金，有稳固的社会实践基地，同时将实践纳入教学体系，并计算相应的学分。从开展情况来看，我国的志愿服务和社会实践有以下特点：一是组织动员有力，组织管理有序，通过团组织，从中央到地方的层层推动，体系成熟，便于活动的高效落实。二是服务广泛，群众基础好，学校内有相关的对接平台和组织。近年来，高校的志愿者服务开始面向更为广泛的社会需求，根据社会转型发展的需要不断延伸服务对象，服务内容也更加广泛，更加个性化和具体化。在所服务的对象和领域里，经过多年的发展，有了一定的基础。同时各高校的学生会、社团等组织都积极对接学校和社会的需求，推动志愿和社会实践活动落实。三是志愿服务的奉献理念和服务学习的践行公民责任的理念相近。志愿服务具有志愿性、无偿性、公益性、组织性四大特征。在这个过程中需要进行团队管理、时间管理、目标管理等，这些也和服务学习的途径过程很相似。从上面可以看出，在国内高校开展服务学习有一定基础，可以在此基础上进行调整后，开展服务学习活动。

主要有如下两种模式：

学术界比较流行和认可的服务学习模式有实践项目型、课程型、社区型的服务学习模式。前两种模式在台湾地区的高校中开展并取得了成功。下面就两种模式结合祖国大陆开展的志愿服务和社会实践进行简单的介绍。

实践项目型注重学生的自行主导，注重实践，基本遵循以下阶段：准备、行动、反思、展示以及评估。结合国内开展的志愿服务和实践活动来看，首先需要在原有的基础上调整理念和思路，使其和服务学习的理念一致，然后是加强反思和评估这两个环节。这两个环节涉及学生和老师两个主体，学生要加强反思，通过总结报告、项目建议书、个人心得体会等来强化反思过程。教师则精心设计课程，积极参与评估学生的项目，评估完成情况、团队合作以及解决问题等的情况。

课程型注重学生的专业技能的培养和锻炼，主要是结合所学课程来开展实践服务活动。近年来，高校一直在着力摆脱教学模式老化、教学内容空洞僵化的局面，积极探索课程体系改革，其中一个特色就是针对专业所需适当调整课程结构，加重实践教学比例。课程型服务学习契合这一改革思路，作为一种新的理念应用在国内的高等教育实践课程改革中将会极大促进其发展。以医学专业为例：针对学生对理论课的兴趣不足，理论课的形式表现单调抽象的问题，可以调整课程比例，加大实践类型的课程，建立社区医院、卫生服务站、市区医院等实践基地，学生可以在这些实践基地开展与所学知识相关的服务活动。在社区医院等开展服务既满足了社区的需要，同时又增强了学生对医学专业的兴趣，提高了自身的专业技能，培养了参与服务学习的意识，践行了公民责任。

5.4　课程设计

5.4.1　组织结构

编者在对国外的服务学习的组织结构进行研究后，回顾和总结了结合国内已开展服务学习的几所高校的组织模式，针对国内的现有基础和特色实际情况，得出国内的服务学习处于起步阶段，目前尚不能大规模地细化开展服务学习的结论，提出前进的模式应该先是利用选修课，进入全校型的公共服务学习模式，随着发展的深入，再在各个学院开展专业的服务学习，所以我们提出"机构＋导师＋种子选手＋服务学习参与者"的体系模式。下面分别简要介绍这个体系中各个组成部分（以高校为例）。

5.4.1.1　机构

这里的机构指的是高校为开展服务学习活动专门成立的服务学习中心或办公室。这个机构的任务主要有以下几个方面：一是负责研究国内服务学习的开展和理论模式情况，并借鉴国外高校先进经验，为本校开展服务学习制定规划大纲，指导本校开展服务学习活动。二是开拓、建立稳固的学校与社区、中间公益组织的联系并探索社区需求。三是负责协调学校内部课程体系设计改革、教师培训、教师待遇、跨学院的服务学习合作等工作。

5.4.1.2　导师

虽然服务学习更加注重强调学习的自主性、学生自己主导服务学习的进程，但是老师在以下几个方面能够发挥举足轻重的作用，甚至能够决定服务学习的成败。一是前期的课程设计以及原有的志愿服务或实践的调整和理念的植入。二是调动学生对服务学习的积极性，引导学生和社区做好对接，做好活动开展的后勤保障工作，确保活动的顺利推进。三是监督和评估学生的反思和总结，布置不同类型的反思总结任务，督促学生完成，跟进了解学生的服务学习完成情况和心得体会。

5.4.1.3 种子选手

这里对种子选手的定义是指在服务学习过程中表现优秀的，并且有兴趣致力于服务学习项目推进的学生。将这些学生组织起来，依靠他们的经验带动新参与服务学习的学生开展服务学习活动。按照设想，可以建立服务学习的志愿者团队或社团组织，将这些种子选手招募在一起，指导学生开展服务学习活动。国内的高校有很多组织在做志愿服务活动，也有一批有经验、有能力、有爱心的志愿者，这些都和服务学习志愿者团队组织很相近。如果启动服务学习的活动种子选手计划，那么意味着有这方面的框架基础，只要在理念植入和活动流程上面进行调整就可以快速推进种子选手的计划。如果高校里面有一批固定的种子选手，那么将会极大地推动服务学习，提高学生的参与兴趣和热情，同时也能做好传帮接带工作，加深同社区的沟通联系，了解其需求，保障服务学习的可持续发展。

5.4.1.4 服务学习的参与者

顾名思义，服务学习参与者即为参加服务学习项目的学生，这是服务学习的主体，也是活动的具体执行者和最终的受益者。作为活动的主体，参与者需要结合自身的特长和兴趣爱好，找到社区的需求，主动设计方案，主导服务活动的推进，同时在活动的过程中要不断地反思总结。在这个过程中，参与者能够提升自己的时间管理、沟通技巧、自我发现、服务技巧、团队合作能力。一般而言，参与服务学习的学生比未参加的学生学习表现要好，而且提升个人对生活品质的知觉，及时进行学习经验的总结，都是传统的课堂难以获得的。

5.4.2 课程大纲设计

服务学习的成功与否和课程大纲的设计有很大的关系。一个好的课程大纲能够让参与者明白即将参加的活动要干什么、目标是什么，让社区合作伙伴了解需要如何配合活动的开展以及将会从活动中获得什么等。同时大家都会遵循标准去推动工作，提高服务学习的效率。服务学习计划的设计有很多种，有短期和长期的，有实践型的和课程类型的，由于篇幅的限制，下面要讨论的是课程设计的共性情况，并且还将附上美国印第安纳波利斯大学的物理治疗服务学习计划的大纲完整版本供读者参考。

5.4.2.1 阐述学习课程的学习目标

在这个部分要体现出两个方面的目标：一是围绕服务学习的社区，体现出社区的需求和本质；二是学生作为参与者需要达到专业、能力等方面的要求。

5.4.2.2 阐述能对社区提供哪些服务

这个部分为社区合作者所关心，是活动能否推进的前提。要结合调研的实际情况，充分把握社区的需求，针对学生的专业特长、兴趣特点等提出相关的服务内容。

5.4.2.3 简述课程内容

课程内容一般要涵盖课程说明、课程的进度、课程的要求、课程的规定以及课程的教授方法等。

5.4.2.4 阐述学生从社区服务活动中能够获得什么

在本质上，服务学习与志愿服务的区别在于服务学习强调的是互惠，要体现出学生作为主体能够从服务学习的过程中获取什么技能、专业方面的提升或服务技巧等，有助于让学生深入了解活动，提高活动兴趣。

5.4.2.5 阐述反思报告的目的和格式

这是服务学习的核心特色所在，不同的服务学习项目对反思和评估的模式方式都不同，因此要体现出项目的特点。

5.4.2.6 阐述社区服务经验在本课程期末成绩所占比例以及评分的方式

由于很多高校都是以开课的形式在做服务学习，所以这个过程会涉及成绩的衡量和计算。为了更好地激励学生参与好服务学习活动，应客观公正地体现学生服务学习的项目活动的情况。

附录 课程案例

物理治疗服务学习计划

课程名称：PT635：服务学习计划

开课系所：印第安纳波利斯大学

物理治疗学院博士生课程

任课老师：Julie Gahimer PT，HSD

　　　　　Anne Mejia-Downs PT，MPH，CCS

课程选课条件：已完成初级物理治疗第一和第二学期课程

必读参考资料：Healthy People 2020，Volume 1 and Volume 2.

　　　　　　World Health Report 2002.

必要课程资源：

（1）学习积极的倾听技巧，以正面的态度接受创造性的意见回馈。

（2）从正面和负面洞察自己专业行为。

（3）依据自我评价和他人的反馈调整自己的专业行为。

（4）拥有积极的倾听技巧、中立的肢体语言，以及对不同年龄、性别与文化的人群不带偏见和歧视。

（5）有变通性并及时完成任务。

（6）具备写作技巧，文章流畅，文法和拼写正确。

（7）上课或参加社区活动，都能够准时并且衣冠端正。

课程目标：

（1）定义服务学习并区别它与传统的临床教育以及志愿服务的异同点。

（2）讨论在 Healthy People 2020 所立国健康目标大纲以及由世界卫生组织所列之世界健康测评大纲。

（3）定义健康与疾病，讨论它在不同人群与文化下的含义。

（4）讨论影响健康以及在社区运用健康服务体系中的各种有关因素。

（5）洞察任何对不同族群或个人的歧见。

（6）发展不带偏见的态度，学着去体验不同的文化背景。

（7）将服务学习计划与生涯联系起来。

（8）由服务学习计划来洞察个人的长处以及了解必须要加强的地方。

（9）超越期望来完成工作任务，拓展专业，承担社会责任。

学生责任：

（1）不可缺课，参加所有的课程活动。

（2）选择一个社区伙伴，以完成服务学习项目。

　　——鼓励学生在社区伙伴介绍会上选出一个自己要做的项目的社区伙伴。学生也允许有地方资源选择社区伙伴。

　　——学生可以单独作项目，也可以与 3～5 名同学做团队项目。每位团队都必须对所选的项目有所贡献。

——社区伙伴所服务的对象必须与学习的背景不同（种族、年龄、残障、社会经济地位、教育程度以及宗教等）

——服务学习项目必须与社区的服务活动直接互动。

——服务学习项目必须与健康挂钩。

（3）设计一个"服务活动计划"。

——此计划必须在计划开始前的一个星期完成。任何在此计划内的服务活动被视为志愿服务活动，它不算在课程所规定的服务活动钟点数内。

——服务活动表格可以以团队方式提交，但每位学生都必须分别再填写第一页以及统计个别做的服务时数。

——服务学习计划项目必须采用专业方式书写，电子版较佳。学生必须在开学前的一个星期内交服务学习计划项目书。

（4）项目实践（30个小时）。

——完成任务项目实践前规定的训练以及准备工作。

——提供服务。

至少提供30个小时的社区服务。

如果项目是有关协助社区发展教育资源、项目计划等，则学生可利用该30个小时之内的10个小时，其余20个小时都是必须直接和社区互动的小时数。

（5）评估。

——学生将接到服务学习计划项目社区指导员在整个项目过程中的陆续反馈。

——项目完成后，社区指导委员会必须完成指导员的评估和给予学生成绩。成绩的评定有两种："满意"与"不满意"，它置于评估表内。评估表可由本课程网站下载。

——每位学生都必须个别完成"学生自我评估"，以评估自我表现。评估表亦可由本课程网站下载。

（6）反思。

——反思报告必须由学生个别书写，但可以小组讨论。

——反思报告内容必须按照"课程目标"每项书写。

——打字，以电子版为佳。

——进一步的反思报告指南请参阅 Written Reflection Assignment Packet.

——社区实地的指导员评估报告、个人评估报告以及反思报告必须在学期结束两个星期内上交。

(7) 按照规定准备海报以及电子版报告发布，发布日期另定。

任课教师任务：

(1) 协助学生建立社区伙伴关系。

(2) 提供学生服务—学习计划项目指南以及协助。

(3) 准备相同服务—学习计划项目的内容以及活动。

(4) 审阅、评分以及通过学生的服务学习计划项目建议。

(5) 在服务学习博览会上给学生的报告、海报表现评分并提供反馈。

(6) 必要时与学生以及社区指导者咨询以及商讨。

社区实地指导员任务：

(1) 与学生共同定义与健康有关的需求。

(2) 审阅、评分以及通过学生的服务学习计划项目提建议。

(3) 作为社区机构指导员以及学生服务学习计划项目进行过程中的联系人。

(4) 正式对学生在社区中的表现进行评估，由任课老师提供评估表。

课程评量：

这门课有固定的评量标准。具体内容亦可以参考课程课业与指南章节。

任课教师评量：

服务——学习活动提议	15
(即服务学习计划项目)	
课前参加服务—学习博览会后的反思	5
书面反思报告	20
博览会发表（海报以及报告）	10
专业行为	满意/不满意
社区场所/实地指导员评量	
服务学习活动提议	满意/不满意
完成服务活动	满意/不满意
专业行为	满意/不满意

专业行为：

对专业行为的要求详见"专业行为"一节。任课教师与社区实地指导员均须对此项做出评定，即课堂与社区的表现均在评量范围之内。

成绩评定：

成绩评量尺度将由任课老师做最后的决定。将按照学生整体的表现程度而调整。

100～93：A	86～83：B	76～73：C
92～90：A	82～80：B	72～70：C
89～87：B	79～77：C	＜70：　F

对残障学生的服务：

印第安纳波利斯大学的教育宗旨是提供平等机会而且对任何族群包括残障或是非残障者均一视同仁，绝不允许歧视、偏见的态度。该校接受多元化的学习环境以促进均等教育的机会。该校有提供给残障学生出入的公共设施。假如学生因任何残障情况可能会影响到其工作或是课堂表现时，应随时和任课教师联系，学校将会尽力满足学生的特别需求。残障学生必须到残障学生服务办公室注册。学生必须主动让该办公室以及任课教师了解自己的特殊需求，任课教师以及校方才能及时安排照应学生的特殊要求。

课程时间表：

2010 年 5 月 18 日	地点（略）
9：00—11：00	服务学习导编，什么与为什么
11：00—12：00	与东南社区中心共进午餐
12：30—14：45	电影《撞车》讨论
15：15—16：15	服务学习博览会
2011 年 3 月 11 日	服务学习项目提议于服务学习活动完成后第二星期上交截止日
2011 年 4 月 22 日	完成服务学习计划项目
2011 年 5 月 6 日	两项评估与反思报告上交截止日
2001 年 5 月	服务学习博览会暑假班第一或第二星期。

第六章 服务型学习实践案例

6.1 北美地区

服务型学习最早源于美国，现在在北美地区已相当普遍。许多大学均设有办公室（The Office Of Service－Learning）、社区服务项目中心（Community Program Center）、社区事务办公室（Community Partnership Office）、公民参议办公室（Civic Engagement Office）等。

6.1.1 案例：加拿大布鲁克大学服务型学习项目

6.1.1.1 概况及政策制度建设

布鲁克大学提供不同年级、所有学科的学生服务型学习项目，包括本科阶段大一到大四以及研究生阶段的课程和辅助课程。服务型学习的展开地点不仅限于加拿大本土，还扩展到世界范围内的其他国家。

布鲁克大学的策略性委托文件规定，服务型学习定位于"以学生为中心的授课学习模式"和"服务 21 世纪的学习者"领域。布鲁克大学将努力达成这一目标。此外，该文件对服务型学习目标的概述包含以下几点：

（1）一二年级学生将组织学习基于布鲁克大学建设模型的服务型学习课程。这些课程通常在以社区为中心的公共场所开展，学习设置了奖励性学分，用以鼓励学生的参与度、积极性，以提高学生的学术成绩。

（2）布鲁克大学引入 20 个领域的国际性的服务型学习课程，旨在增强学生的国际化视野，实现学校的国际化目标。

（3）学校为 200 多名高年级学生开展资历颇深的顶级课程，其特色有扩展主动合作学习、本科生学术研究，以及带薪科研和学分制行政管理活动的师生互动等。这些将对提升布鲁克大学著名的国家教育研究协会的影响力有重要作用。

6.1.1.2　专项资金拨款（需申请）

服务型学习课程发展基金（Service-Learning Course Development Grants）

该项财政拨款是对教学革新的一项投资，这将增强学生的学术经验，在社区建立强大的搭档关系，并且有助于教职员工探索教与学的新机会。

服务型学习学生助理基金（Service-Learning Student Assistant Grants）

无论是管理一个正在进行的服务型学习课程（课程必备要素），还是组织一项新的服务型学习课程（课程必备要素），得到某些特殊方面的服务型学习辅助总是有帮助的，这项专项资金拨款可以为学生提供这方面的辅助。

服务型学习可持续性基金（Service-Learning Sustainability Grants）

该项资金旨在为服务型学习的可持续发展提供必要的财政支持，符合一定条件者方可申请，能够提高服务型学习的质量，及时解决教职工和学生在开展服务型学习过程中遇到的困难和瓶颈。

6.1.1.3　主要管理机构

服务型学习资源中心（Service-Learning Resource Centre）

在布鲁克大学，服务型学习资源中心是开展服务型学习的主要管理机构，与老师、学生、社区负责人等有较多的联系。该机构致力于确保高质量的教学成果和创新性的教学方法，始终把学生的需求放在首位。在这里，老师和学生可以找到以下信息和资源以及提供相关意见：

1. 服务型学习课程设计

如何展开课程、课程的具体安排等由服务型学习课程中心主任和课程协调者负责。老师和学生可以随时来到办公室与他们讨论课程设计安排，提出一些好主意和新观点。

2. 图书馆资源和分析性思考材料

老师和学生可以收集一些有创意的物品和打印材料，以展开分析性反思小组讨论，这些资料包括样本提纲、与服务型学习相关的文章、可外借的图书馆书籍等。

3. 在线资源：最新消息推送和内部网站

老师和学生留下邮箱地址，便可以在线接收服务型学习与工作地点、文章、会议记录有关的最新消息推送。同时，师生也可以注册登录布鲁克大学内部服务型学习网站——"Sakai网"，里面有各种各样的资源。"在布鲁克大学你能获得什么"网站提供了布鲁克大学的实行政策和做法的信息。

4. 资金补助机会

在这里，师生可以得到每年颁发的服务型学习激励资金拨款和其他与服务型学习有关的资金补助的相关信息。

5. 疑问解答和支持

如果有任何领域的服务型学习项目、课程设计或是课外实践活动机会信息等方面的疑问，老师和学生都可以打电话或是到办公室咨询以获得解答。

6. 社区内合作机会

尽管服务型学习资源中心不能以个人名义协调和社区搭档之间的关系，但会提供一些社区内合作的机会供师生参考。

7. 反馈信息

老师和学生可以就服务型学习开展的过程、信息获取渠道等方面发表评论和提出建议，反馈信息将会统一集中在服务型学习资源中心，以提高机构设置、课程质量、信息传递效率等。

6.1.1.4 校内课程设置

布鲁克大学为学生提供了各学科各门类的服务型学习课程，丰富繁多，精彩纷呈。

下面是其中几例：

1. 社区参与基础（Foundations for Community Engagement，SOCI 2F60）

社区参与基础是把社区融入和当地事务、公民应对相结合。通过每两周一次的讲座、阅读、研讨会和分析性反思，学生逐步对志愿活动、公民参与和课后活动有了批判性的认知。这些主题通过一学年里每两次课堂间歇的课后学习机会展现出来。基于学生的兴趣，社区参与包括志愿服务、艺术类大型活动、史学访问、文化节日、公共讲座等。学生应该根据自己的意愿参与某种形式的社区事务。该课程属于社会科学分支，有相应学分，在校学生年纪、专业不限，均可修读。

2. 娱乐休闲中的体验式教育（Experiential Education in Recreation and Leisure，RECL 4Q96）

这门课从历史、哲学、心理等角度探讨包括娱乐和休闲在内的体验式教育理论及实践意义。因为这门课程是以学生为主导的，每年的学术和体验教学的侧重点有所不同。在 2012 年，这门课一开始是由老师引导学生思考如何利用服务型学习激励专项基金最大限度地满足一个社区的需求。经过了学生的深思熟虑，他们提出了不少想法，有 5 个提议得到好评，最终大家统一了意见：开发"绿化家园"项目。落实到实践中，在圣凯瑟琳·惠特利蒙台梭利学校，学生组织绿化工作，提供志愿服务，学校有一间露天的大教室，有利于学生在户外的环境中跟进学习。这门课程只对某些专业（RECL）开放，要求学生至少累计拥有 13.5 个学分。

3. 运动、健康与体育教育发展的国际化视角（International Perspectives on Development through Sport, Health, and Physical Education, PEKN 4F32）

这门国际化课程探讨如何有效通过运动、健康和体育教育来帮助青少年健康成长，在过去的 7 年里，这门课开展了 5 次，除了布鲁克大学之外，三个国家部分地区（英国维尔京群岛、拉丁美洲安提瓜岛、萨尔维多）的大学在体育教育和运动机能学领域近一百个专业开设了这门课程。与此同时，上这门课的学生在当地的学校、职业发展工作室里任教，帮助本国运动员的提高国际比赛成绩。在任教期间，学生还组织了由安提瓜岛周边欠发达地区超过 300 名的儿童和年轻人参与的安提瓜岛联合比赛。这门课只对体育教育和运动机能学类专业的学生开设。

4. 伍德曼商学院的服务型学习（Service Learning in the Goodman School of Business）

该门课程是基于课题内容分类开展，探讨把课堂理论和真实社区的挑战相联系的教学策略。它由商学院职业发展办公室负责，融入每年开展的一系列商业课程，由专业人士负责教职员工、学生和社区之间的联系和合作。

6.1.1.5　其他与课程相关的校园活动

布鲁克温暖——社区服务日（Brock Cares——Day of Service）

在这一天里，志愿者在社区志愿组织或参加各种各样的事务或活动和管理各种机构，例如，发起"五月万里家"亲情宣传活动、安排"林肯人道社团"慈善基金募集、组织"安提瓜啤酒节"、发起"布鲁克联合运动"、举办年度森林舞会、组织"莫宁斯塔小山节"等。

志愿者盛会（VolunteerFEST）

学校鼓励学生、教职员工积极参加该志愿者盛会，每个周日举办，地点在学校固定的礼堂里，时间为上午 10 点到下午 2 点。

布鲁克温暖——经验交流周（Brock Cares——Experiential Exchange Week）

这个提议引导学生互相分享在国内外社区里参与服务型学习项目或开展

实践的经验。每一段经历让学生收获了什么？是否交了新朋友，扩展了人脉关系？还是在不断解决问题的同时学到不同领域的知识？是否体验地区不同的文化，融入当地社会，获取新技能？让学生参与课堂讨论促进学生之间以及与老师的沟通，交流各自的所想、所见、所闻、所思。

布鲁克大学希望学生通过参与该项活动对如何成为一个积极的社会公民以及影响社区发展的社会因素有更深入的认识，同时引导学生把这份体验和课堂知识紧密联系起来，做些规划，提些建议，甚至尝试着去改变现实。

6.1.1.6 特色总结

总的来说，布鲁克大学的服务型学习课程开展井井有条、丰富多彩，是服务型学习借鉴的一个典范。悠久的课程历史、成熟的机构设置、深厚的人文关怀、配合有序的运作模式让学生受益匪浅，既丰富了他们的学习生活，也让他们掌握了实践技能。同时，布鲁克大学精益求精，不断开拓各个领域以打造一流的教学模式；让学生自己制订服务计划，把主动权交给学生，旨在培养他们的协调组织能力和社会责任感；建立专门的反馈与反思系统，鼓励不同思想、观点的碰撞，虚心听取各方意见，重视学生过程中的收获而非结果上的成败。此外，线上线下及时到位的宣传极大地调动了学生参与的热情和积极性，为服务型学习的顺利开展奠定了良好的基础。

6.1.2 案例：美国哥伦比亚大学教师学院和平队服务型学习 (The Peace Corps Fellows Program at Teachers College, Columbia University)

6.1.2.1 什么是和平队

和平队由一群留学归来的和平队志愿者组成，他们对纽约市公立中小学的学生成长起了十分重要的作用，主要分布在哈莱姆区、华盛顿高地和布朗克斯区。这些有奉献精神的教育者在纽约市较为贫困的学校全职教书，同时在哥伦比亚大学教师学院按要求完成所有的课程攻读硕士学位。满足一定条件后，他们将获取职业教师资格证（特殊领域，下面详述）。目前，40 个研一、研二的志愿者在纽约市的中小学全职任教，包括多个残疾人学校和特教中心。

6.1.2.2 概况及政策制度建设

教师学院和平队广为人知，在界内享有很高的声誉，旨在推动城市教育公平和社会正义。

艾洛特和罗斯灵杰夫和平队项目招募留学归来的和平队志愿者（Returned Peace Corps Volunteers——RPCVs）。在结束一个暑假的集中训练后，他们在纽约市教育部门全职带薪任教，同时攻读教育学硕士学位。志愿者必须制订至少 3 年的教育学研究方案或职业规划，并且在此期间完成相应的课程，大部分志愿者可以在两年内毕业。

作为一个旗舰和平队项目，它为在培训和教学中表现优秀的志愿者提供丰厚的艾洛特和罗斯灵杰夫奖学金，一般在 15000～35000 美元不等；教师的起薪大约 48000 美元/年，参考各自的经验和先前的学业成绩起薪（已经拥有硕士学位的老师起薪大约 50728 美元/年）；根据全国教师协会条约规定，为教师提供全额人身和财产保险；教师将获得职业教师资格证（三年后并满足所有条件）；入职后，教师将有贷款优惠。纽约市证书在美国的 43 个州享有互惠条件。

当然，志愿者必须有足够的敬业精神、坚韧和才华，在其递交申请加入并被筛选的过程充满了挑战和竞争。自 1985 年起，该项目已经招募并培训了超过 800 个公立中小学的教育者，他们硕士毕业后留任中小学的比例相当高。

该项目招募以下几个特殊领域的应聘者（要求考取相应的教师资格证）：

双语/跨文化教育（西班牙/英语，1～6 年级，7～9 年级选修）

英语教学（7～12 年级）

社会研究教学（7～12 年级）

数学教育（7～12 年级）

科学教育（生物、化学、地理科学、物理，7～12 年级）

智力残疾/自闭症（1～6 年级）

6.1.2.3　项目的责任使命

该项目的使命是招募杰出的留学归国的和平队志愿者投身教育行业，为纽约市需求量较大的公立中小学引进卓越人才，并且鼓励他们制定长期且系统化的公共教育职业规划。

6.1.2.4　项目目标

为纽约市教育落后、师资匮乏的公立中小学引入综合素质较高、乐于奉献且具有创新能力的教师。

招募有独特国际教育背景、服务经验且具有国际化视野和先进多元精神的留学归国的和平队志愿者，在纽约市中小学传播新的理念和思潮。

培养教育者对资源匮乏地区学校教育、社区发展和儿童成长的长期投入和热情，推动教育公平和社会正义。

6.1.2.5 服务型学习的机构——"Service in Schools"

服务型学习也是哥大教师学院和平队项目中的重要实践内容，主要由机构 service in school 负责招募、培训等，旨在通过纽约市众多学生参与社区服务的实践、活动、项目，鼓励学生在其中收获真知，勇于思考，不畏艰苦，改造新社区，传递正能量，开拓大世界。

Service in Schools 为学生参与服务型学习提供了许多宝贵的资源、补助和培训机会，同时帮助学生在实践过程中解决遇到的难题和宣传服务型学习成果。

6.1.2.6 服务型学习的要求

积极性（positive）

批判性（critical）

变革性（transformative）

影响性（influential）

6.1.2.7 服务型学习模型

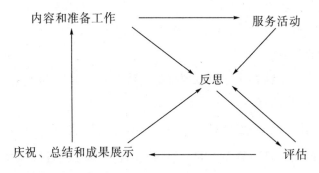

6.1.2.8 服务型学习案例成果

1. 反种族主义联盟（Antiracial Alliance）

这是一个反对族群结构固化的运动。发起人和志愿者就现有社会服务和实践的反族群结构能量做出了理性而详尽的分析，邀请教育和社会学领域的相关研究者或教授，定期开研讨会，创建相关网站和论坛，并编纂合成有一定权威意义的思考启示录，在中小学和部分大学出版、开展公开课或课题研究。前期需要志愿者参与培训、讨论、面试等。

2. 贝鲁特论坛（Brecht Forum）

人们在这里讨论有关社会正义、平等和人性等话题，并组织一些活动，通过共同合作、友好互助，建立来自不同社会不同文化不同族群之间联系的纽带。贝鲁特论坛开展了各种形式的在线课程、公共讲座、研讨会、职业设计、美学欣赏、艺术表演、语言学习、心理咨询等项目和活动，通常与社会运动组织、城市社区建立了合作关系，集聚了美国内外大量优秀的教育者、社会活动家和艺术者等。

3. 世界之忧（Concern Worldwide）

这是一门探讨国际人道主义争端的课程，旨在启发学生从政治、经济、哲学、心理、道德、法律等不同的视角来解读人道主义危机产生的原因和当今世界的此类争端，反思人们生活的世界演变的走向和人性的救赎，并引导学生展开研究和行动。

4. 第一天（Day One）

该项目协助纽约市青年协会打击嫖娼乱伦和家庭暴力，主要的形式有社区教育、基础服务、法律诉讼、医学普及等，引导人们关注并重视此类社会问题，营造良好和谐的家庭关系和社区环境，促进城市安定，提高居民的幸福指数。

5. 全球行动课题（Global Action Project）

该课题组织对一群在社会上受到不公正待遇的年轻人进行心理咨询和服务，并传播知识、技能，鼓励他们用自信、激情和努力征服世界、创造奇迹。此外，课题研究者通过互联网来打造开放、自由、充满活力的新型社区关系，促进文化交流，改良政策导向。

6. 城市之声（Urban Voices）

城市之声是一个为高中生设计的专业影像制作项目。一群青年人制作纪录片、音乐欣赏、漫画、探索节目、微电影等，每两周一次在曼哈顿中心区网络电视直播。这些影像具有一定的教育意义，引人入胜，具有创新性，有的涉及社会关注和敏感的话题，如性歧视、性教育、性健康等。

今天的社区是多元和复杂的，社区的需求往往是多个层面且涉及许多特殊的问题，例如：贫穷问题的根源涉及经济、政治、环境、管理、社会、职业、族群等。因此，如果希望协助社区解决贫困问题，很显然，单一学科不如多学科（跨学科）有功。所以，跨学科的服务型学习课程将使学生、社区和大学受益更多。以上在哥伦比亚大学教师学院开设的课程，就属于这种类型，学生能够培养综合素质，掌握多领域的知识，因此能够用不同的视角看问题，解读形势，从而能够更好地提供建设性的意见。

6.1.2.9　特色总结

美国哥伦比亚大学教师学院和平队服务型学习项目的形式较为灵活，活动较为丰富，服务地点也超越了社区，具有相当强的社会性——不仅重视志愿者或学生在服务型学习过程中自身的成长和进步，而且聚焦社会、国家，把公民的责任感和使命感伸向四面八方；课程学习是其中的一部分，课内课外互动。它的服务重点是社会科学和人文艺术领域，强调世界文化的交融，尊重不同族群的人应有的权利。该项目对学生的综合素质有很高的要求，不论是培训、研讨还是教学，学生都全程参与，实时性地展开交流反思。从其服务型学习模型可以看出，反思处于一个中心地位，任何一个环节都离不开它。此外，许多具有创造性的项目、运动、活动的诞生，体现了该院校服务型学习的丰硕成果和学生的高度热情和全情投入，为社会传播了极大的正能量。

6.1.3　案例：普林斯顿大学服务型学习项目

6.1.3.1　普林斯顿大学简介

普林斯顿大学（英语：Princeton University），又译普林斯敦大学，常被直接称为普林斯顿，是一所位于美国新泽西州普林斯顿的私立研究型大学，现为 8 所常春藤盟校之一。普林斯顿大学成立于 1746 年，是 9 所在美国革命前成立的殖民地学院之一，同时也是美国第四古老的高等教育机构。其在 1747 年移至纽瓦克，最终在 1756 年搬到了现在的普林斯顿，并于 1896 年正式改名为"普林斯顿大学"。

普林斯顿大学是美国最著名的高等学府，其历史悠久，学术声誉很高。普林斯顿大学是精英教学模式，学生总数为 7000 多人，师生比例约为1∶7。普林斯顿大学是世界上最富有的大学，充裕的资金让普林斯顿有条件为学生创造更好的学习环境。

6.1.3.2　项目由来及使命

从伍德罗·威尔逊的"行动起来"的口号中获取灵感，普林斯顿大学开展了服务型学习项目。许多学生把它作为本科学习必不可少的组成部分。尽管有相当繁重的课业负担，学生仍然特别热衷社区服务，并认为课堂之外的学习生活体验丰富了他们的大学经历，给未来的职业发展打下了坚实的基础。"社区服务实现了学术更广阔的社会使命，有助于构建一个高度参与充满活力的公民社会"，社区服务指导中心的主任萨拉奥西·莫妮卡说。

6.1.3.3 相关机构和所提供的资源

社区服务的相关机构有学生志愿者委员会、社区服务指导中心和社区家园等。学校为学生志愿服务工作提供不同种类的奖学金、助学金和实习机会。学生可以就自己关注的社会问题和当地的机构联系，课上课下互动，发挥社区服务学习的主动精神和创新性。此外，志愿者日每年为学生提供一定的服务学习机会。

6.1.3.4 项目特色和学生成长

1. 融合学术和服务（Blending academics and service）

来自于美国新罕布什尔州的大三学生安娜·海迪组织一所小学的学生在世界地球日进行大扫除。在高中的时候她曾经在学生组织和当地的一个餐馆后勤部做过志愿服务工作。"我总是尽自己最大努力以适当的方式实现人们的一些尚未能满足的需求"，她说。在普林斯顿，她已经找到了许多方法把这个想法付诸实践。

在新生入学参观介绍过程中，海迪参与了各式各样的"社区行动"，和当地社区的一些组织合作。在这之后，她自己就独立承担了两个"社区行动"的领导工作。

同时，在新生入学年，海迪作为"健康第一"项目的协调者参与了社区大家庭行动，旨在提高社区儿童的健康意识。参加普林斯顿卓越领导者教育项目的小学生中有一些人缺乏实践经验，服务不够细致周全，"健康第一"项目就为他们提供了为期三周的实践培训。"这个项目教育孩子们如何面对健康隐患，以及如何保持普林斯顿社区的孩子们和普林斯顿大学学生们的和谐互爱关系"，海迪说。她还在社区执行委员会工作过。

作为教育学专业的学生，海迪感受颇深的是，在公共服务中学术间的关联如此之大，反之亦然。她同时谈到学术在公共服务中的重要性："许多学科的知识体系，例如社会学、经济学、工程和公共政策，对非营利组织的发展而言极其关键。"

她曾把她的学术培训运用于实践，领导普林斯顿大学"正义与平等"委员会解决失业人员流浪问题等，并且就当地一个非营利组织的竞选政策开展相关研究，并把它作为推动社区服务型学习创新性、主动性的一部分。她同时是服务型学习咨询中心小组的一员。此外，海迪还在两个非盈利组织积极倡导教育改革，做家教，为残疾孩子做心理辅导。

海迪坚信社区服务型学习提升并充实了普林斯顿大学的教育。"和你的教授、同学和资源一样令人惊叹的是，社区参与体验给学生带来真实而独特的视角，教会他们看待生活中的诸多挑战，勇敢地做出改变。它影响了人的态度、风貌和气质，将是学生一生的财富"，她说。

毕业后，海迪希望自己能在市区的一所学校教书，或者在国内外的一所非营利机构工作。

2. 拓展视野　（Adding perspective）

综合考虑学术能力和个人兴趣，大四学生罗宾·威廉姆斯准备用一年时间游遍美国，就吸毒和毒品交易等现象和存在的社会争议整理一部照片集。他的想法和努力得到了广泛关注，罗宾获得专项资金 25000 美元扶持，在毕业后完成为期一年的公共服务项目计划。并且，他打算申请攻读医学院硕士，目标是在公共卫生专业获得学位。

罗宾认为这个项目的核心是"我们如何把化学品（毒品）滥用作为一个健康问题来解决，而不是进行犯罪活动"。他希望"把照片和叙述结合起来，并根据一些政策分析，让人们对目前解决方法的弊端有一个全面的认识，以及建议我们如何改进"。

这个项目还包含了罗宾参与的其他活动。他写了一篇题为"为什么各州为停止 HIV 病毒传播而设立的法案很难通过"的论文。在过去的三年里，罗宾也经常关注美国国家毒品药品政策委员会，了解他们有关注射器传染的普及知识活动。

在大二暑假，罗宾作为一个 AIDS 教育普及者在加纳工作过。他在回到校园的途中，加入了全球学生 AIDS 论坛和 PJP，发起了 NEXT 运动，推动新泽西州关于注射器传染和防护方面的立法。从那以后，参与 PJP 的学生开展了很多有关社会热门话题的项目。

罗宾在高中的时候曾为聋哑人翻译，这激发了他对社区服务的极大热情，并愿意长期为之付出。"那些经历让我了解到打破日常常规，拓展新事物的重要性"，他说，"我认为每个人内在的使命感和社会责任感至关重要，却经常被忽视"。

罗宾在普林斯顿大学第一次参与社区服务是在大一的下半学年,他当时加入学生志愿者委员会(SVC),在里面担任出版社管理员和暑期实习部主席。他的工作重点之一是组织到俄克拉荷马州的切诺基高中和新罕布什尔州的一个农场家庭的短期考察。

罗宾参加的其他活动还包括担任一个社区行动领袖和项目协调者。在大三时,他创立了自己的美食俱乐部,并把其推广进行社区服务——和外界的机构合作,为 40 个临时安顿在第一大道街边旅馆里无家可归的人们提供一日三餐。罗宾同时协调策划了保护普林斯顿方言行动,并在校园论坛上带动学生展开相关讨论。

除了那些和大学直接相关的社区服务学习的项目,罗宾还参与了课后的服务计划。三年间他一直默默关心和帮助一个 12 岁的孩子——杰米,陪他下棋、锻炼和看电影。他还用两年的时间为普林斯顿医学院中心一些说西班牙语的病人翻译和组织健康教育研讨会。

罗宾鼓励学生在校期间充分利用好社区服务的机会。"在普林斯顿,很容易因一些狭隘的观点而与社会脱离。"他说,"我发现社区服务的经历为我的学业和人生带来了新的视角和动力"。

罗宾还是摄影师、双周刊《每日普林斯顿观察》的专栏作家和学校骑行队的一员。

3. 创造机遇(Creating opportunities)

大一时,凯瑟琳·罗伯特参与了"社区行动",在特伦顿"人道主义家园"指导下为当地流浪者安排临时住所和饭菜。今年,她是"社区行动"领导,和特伦顿儿童收留所"天使的翅膀"一起做志愿服务。现在她每周用13 小时的时间探望学生。

凯瑟琳是大二学生,她起初觉得在收容所做志愿服务很难,因为孩子从出生到 12 岁不等,遭受过虐待和冷落。她说这个工作受到最大的情感方面的挑战就是和孩子说再见,有些孩子待了不到一个月就被转到孩童抚养中心。

凯瑟琳说她和其他志愿者每次探望 12 个住在收容所的学生,满足他们的日常需求,包括喂他们吃饭、陪他们玩以及帮助他们做家庭作业。凯瑟琳正在联合其他普林斯顿的学生开展一个为期 6 周的教育项目,内容涉及人体、太空和文化。

"我期待在这里的每一刻"，凯瑟琳说。通过在"天使的翅膀"担任项目协调者，她积极带动更多的普林斯顿学生参与进来，并在志愿者委员会网站上做宣传。

今年，凯瑟琳是学校社区服务中心 17 位领导者之一，这是她第二次担任领导，32 个成员每人在一学年里服务社区 240 小时，大约每周 10 小时。学生还参加每两周一次的会议讨论活动和计划。

凯瑟琳在高中时就开始参加社区服务，说到自己心中的热情，她眼中露出自信和坚韧："我相信既然我有能力帮助别人，就应该尽可能地为那些尚未拥有的人们创造机会和可能性。"

凯瑟琳目前主修心理学，并辅修西班牙语。她同时是学校乐队的大提琴手和指挥手，还在州内一次大型文艺演出中获得"最佳指挥奖"。

4. 学习生活技能（Learning life skills）

入读普林斯顿大学不久，大二学生卡若琳·凯西几乎把自己全部精力投入学习、运动和社交。有一天她突然意识到自己已经有一段时间没有进行志愿服务了，这让曾经是少年童子军的凯西反思每一天是如何度过的，并尝试改变现状。

"作为著名的普林斯顿大学的一员，身边有许多聪明而勤奋的人，很容易把自己陷入写论文、备战考试、找实习等事情中，而忽视了我们生活的社会和家园。"凯西说。

她找到了一个服务机会。那是在生物导论课之前，新泽西州社区水检测的代表到学校来招募新成员，凯西立刻报名了。

作为社区水检测代表，凯西帮助培养人们的环境保护意识。她联系了报纸，报道水土流失和其他环境问题，并在学校专栏如普林斯顿环境学院报刊上撰写专栏。凯西住在新泽西州已经 10 年了，对当地存在的问题再熟悉不过。

凯西强调公共服务提升了人们的生活技能，她说她在水检测的工作帮助下，提高了实用文本写作的能力，培养了与媒体的沟通能力，以及学到了一些专业知识，有助于引导人们在生活中学会科学用水、节约用水。这也让她更加清楚自己未来的路：在历史学院科学史方向深造，同时兼修环境研究。

"当你出于本心，真诚地做一件事，完全不带任何利益的诱导和私心时，就会发现它可以给自己带来的巨大的收获"，凯西说。

在普林斯顿的生活忙碌而紧张，凯西还是"老虎（Tiger）"杂志社的主编，并坚持为"每日普林斯顿评论"撰写专栏，是校女子网球队的队长。

6.1.3.5　相关课程设置

在每个学期，不同院系的课程都提供与社区相关的研究课题，主要集中在研究社区各类事务及其影响。这些课程让学生有机会了解和运用理论知识，为未来社区发展奠定良好的基础。

2015 春季开课（部分节选）

1. AAS 235/SOC 236

种族是社会化的产物（Race Is Socially Constructed：Now What? ）

"种族是社会化的产物"这句话蕴含着更深的哲理。爱尔兰裔美国人都是白人吗？有非洲血统的人都是黑人吗？叫一个亚裔美国人"标准的少数民族"是赞美吗？种族问题会影响我们和谁约会或结婚吗？在这门课中，学生将会建立一个成熟的概念框架，去理解这些问题。我们将把当代事务和历史演变过程、个人经历和体制政策联系起来，用社会学的视角分析潜在问题，并试着改变固化的现状。

2. ANT 335

医疗人类学（Medical Anthropology）

医疗人类学这门课用跨文化的视角审视病痛和治疗手段，运用各种各样的理论方法来理解生物、社会环境和医疗间的交叉重叠。我们将把死于疾病的非医疗模型和生物医学法救治相比较，看看社会和科技发展不平衡时将如何影响结果。学生将学会鉴别一些常见疾病的症状和原因，以及疾病传播模式在富裕和贫穷地区的不同。这门课所用的材料来自人类学著作、医疗杂志、医学报道和电影等。

3. ART 250 / ARC 250 / ENV 250

建筑，全球化和环境（Architecture，Globalization，and the Environment）

这门课探讨当代建筑以及它和气候变化、城市化等问题的关系，将会着重探讨公共空间正一步步走向灭亡的原因，可能是乡绅化、封闭式社区、完全隔离等原因，或是在世界上许多城市地区经历战争后的毁灭性后果。我们将学习可持续发展、地区种族主义和社会正义等。全球变暖和石油燃料的挥霍将是我们研究的中心。

4. PSY 400

社会和人格心理学中的话题——人类起源的结果（Topics in Social and Personality Psychology-Developmental Origins of Life Outcomes）

每个人在出生时命运就被决定了吗？这个研讨会将大量采用发展心理学、认知心理学、沟通科学、教育和公共政策的观点、方法、实验和理论来进行探讨，其内容集中于评估童年在决定我们是谁和我们拥有什么中所发挥的作用。学生将要走出普林斯顿大学，和两个关注孩童早期成长的社会机构接触：一个在纽约，一个在费城。

5. SPA 205

移民和宗教的比较视角（Comparative Perspectives on Migration and Religion）

移民经常遭受各种各样的歧视。宗教信仰能增强他们自身的价值认同感，尤其是当新环境具有一定敌意和创伤性时，流放者和难民同样如此。我们将采取比较法贯穿整个课程，引用大量美国、亚洲、欧洲和拉丁美洲的例子。这门课主要解决这样几个问题：宗教如何影响移民的生活？什么时候人类开始用宗教打破传统？男人和女人、主流群体和少数民族对宗教的理解有何差异？

6.1.3.6 总结与评价

普林斯顿大学分属的各个学院都开展了各种各样的服务型学习课程和项目，可见学校的重视程度和良苦用心。作为世界顶级的大学之一，普林斯顿大学十分重视学生的个人成长和社会责任感的培养。从上面的介绍来看，学生对社区服务型学习的热情很高涨，并且真正投入其中，不辞劳苦，内心满足而充实。

各式各样的服务型学习项目能够成长壮大、发挥实效，有赖于大大小小的机构、委员会和基金会的指导和扶持。普林斯顿大学的学生每年在世界各地做项目、开研讨会、做义工等，时时刻刻谨记"服务""学习"的本质。

服务和学习相辅相成，相得益彰。学生各自探索自己感兴趣的领域，拓展知识的深度和广度，勇于在社会中寻求一份自己心中的答案，以作理论的检验和社会的反观。课程的开设也是五花八门，每一门课程是几个概念和话题的结合、对照、联系和影响。在这里，知识永远不是孤立存在的，一个领域的学问需参照其他好多个领域的现象和理论才可解释完整。知识是复杂的，却不凌乱，因为每节课教授都会以几个核心问题串联整个知识体系，给学生留够自我回忆、领悟和反思的空间。厚书读薄，至繁至简。因此，学生在做社区服务时呈现出一种格外的理性、通达、睿智和柔和，不偏向一方，不武断草率，不厌烦急躁，做最充分的准备，以最纯净的心态收获最丰盈的果实。

6.1.4　案例：圣母大学暑期服务型学习项目

6.1.4.1　圣母大学简介

圣母大学是一所教会大学，始建于 1842 年，位于印第安纳州的 South Bend，芝加哥以东 100 千米处。和西方众多古老的大学一样，圣母大学（又称"诺特丹大学"）带有浓厚的宗教和上流社会色彩，依赖于强大的校友会，与政府和一些显赫的商业财团保持着千丝万缕的关系。诺特丹大学拥有全美最大的校友网络，有 275 个校友俱乐部，19 万校友，遍布全球。大学校友捐赠率仅在普林斯顿大学之后，与哈佛大学并列世界第二。

6.1.4.2　项目简介

暑期服务型学习项目（SSLP）是一个三学分的理论学习课程和八周的实践服务过程，服务对象一般是处于社会边缘的人群。每年，大约 225 名学生在美国国内相关组织、教堂指导下，服务那些有生理残疾或心理疾病的人、无家可归的人、穷人、孤寡老人、家暴者、移民、难民和受害者等。圣母大学校友俱乐部、詹姆·安卓奖学金（the James F. Andrews Scholarship Fund）和其他捐赠人每年给学生相当数量的奖学金。SSLP 的学生在春季学期参加项目说明会，在暑假完成整个项目的阅读和写作，并在秋季回到校园后参与跟进课程和总结交流会。

国际暑期服务型学习项目（ISSLP）分为 4 个学分的理论课程学习和 8 周的实践服务过程，从对社会传统习俗来帮助学生更好地认识和解释全球性的问题，培养批判性思维。面对日益严峻的全球性挑战，教育学生培养较强的社会责任感显得尤为重要。同时，带领学生考察偏远地区，寻找和思考贫穷的根源，传播知识、爱与真理。该项目和国际性的组织合作，致力于实现教育目学生和推动社区发展壮大的目标。途中交通费、住宿膳食费、考察费等均由项目公费。

6.1.4.3　学生体验

人物：罗贝卡·沃恩霍夫（Rebecca Wornhoff）

地点：阿扎雷利远郊的诊所（Azzarelli Outreach Clinic）

组织：伊利诺伊，坎卡基圣母大学俱乐部（Notre Dame Club of Kankankee, Illinois）

通过所学的课程和服务体验，我对社会教学方式有了深入而明晰的认识，也明白了如何运用它实现社会公平。我学会用学到的原理和领悟到的真谛分析解读新闻、政治甚至是电影。我开始明白它对理解和纠正社会不公有多么重要的意义。

通过和优秀的人接触，我也获得心灵和自我的成长，全身心地奉献自我，服务他人。我从和他们交谈以及观察他们和病人的一点一滴中收获了许多，心中合格的医生形象越发明晰。我的经历让我更加确定自己将在一个服务尚不够健全的领域做一名优秀的护理医师的决心，并且我对自己的使命和奋斗方向有了更透彻的认知。此外，我意识到，任何地方的人都需要医疗的保障，需要被照顾，需要舒适的环境。这是我们这个社会应该承担的责任，这是每一个公民被赋予的基本权利。我不需要到阿帕拉契或一些中心城市去找需要帮助的人们。

坎卡基是美国中西部一个普通小镇，和我的家乡没什么不同，但那里人们对服务的需求比想象要大得多。只有不断提高社区的质量和效率，才能让更多的人受益。总而言之，我的经历对我的个人成长和职业发展至关重要。

人物：琼斯华•奥比瑞恩（Joshua O'Brien）

地点：俄勒冈，波特兰（Portland，Oregon）

安德鲁•贝赛特天主教堂（St. Andre Bessette Catholic Church）

一下汽车，我就知道这个暑假我在哪里做志愿者了。一排排无家可归的人们站在街边，开始我有点紧张，现在我的衬衫都湿透了。我走向俄勒冈波特兰市的安德鲁•贝赛特天主教堂那个带有红色标记的大门，第一次遇到了我的导师。他在和一个非洲裔美国人交谈，那黑人正介绍自己叫威利。当我和威利握手的时候，我感到他是我见过的最沧桑而坚韧的人。

在这个教堂，前来祷告的人们很多处于社会底层，无家可归或缺衣少食。我们做志愿者，要尽力给他们提供多项服务，有免费的膳食、衣服、清洁产品等，同时增强对他们的了解，与他们和睦相处。

我在贝赛特天主教堂最喜欢做的事情之一就是每天早上做礼拜之前，所有的志愿者和其他人员围成一圈，诵读下周日的福音歌。这样的诵读十分有吸引力，因为我们每周三会给前来祷告的人们提供足浴按摩，这绝对是一场神奇舒适的体验。

我承认第一次志愿做足浴有点紧张和不知所措。我从没给别人洗过脚，更别说是这些流浪汉了。不过我把这些情绪都克服了，专心做好我的事。

我很幸运自己做了这件事，因为当我抚摸着别人的脚的时候我对眼前的这个人认识得更深。在这样亲近的场合，我必须要和他说话，谈自己的生平、经历和过去。我洗脚的第一个人就是威力，他的脚和他的手一样粗糙而饱经沧桑。我为威力按摩他的脚，和他谈了很久的心，他的经历让我心中充满了震撼、酸苦、荒凉和无名的感动，同时我也看到了一个社会底层百姓不同的真实的一面。他们穷苦而自强，卑贱而有信仰。后来很长时间过去了，威力闭上眼睛，不久就睡着了，我能感受到他全身肌肉的放松，能给他的身心带来一丝安抚和舒适让我十分宽慰。我坐在那里，轻敲着这个成年人粗糙而坚硬的脚趾头，觉得任何一个人都不能被忽视，他们有自己的尊严、人格和权利，我们的社会应该尊重他们拥有的一切。

人物：马特·史沃特（Matt Stewart）

地点：纽约州，纽约（New York，New York）

一个高中研究项目（Regis High REACH Progam）

我在纽约的时光让我亲眼见证了学生克服困难的过程，真的很难忘，很震撼。

我在纽约市教一些经济上有困难家庭的中学生。这是一个被称为"REACH"的项目，属于曼哈顿地区天主教高中男校 Regis High School，它是为那些贫穷而有才华的 6 年级以上学生开设的，在每年暑假和每个星期六进行，学生在上高中之前可以参加。这个项目的目的是帮助学生迈进本市天主教私立高中。所有参加项目的孩子几乎都去了最好的高中，接着上了顶级的大学。

我是这个项目的大学生，这里还有 9 人和我一样。我们为学生当导师，提供建议、指导，帮助孩子树立信心，给予他们动力。我们带孩子们上学，在娱乐的时候和他们一起打球。我的主要任务是为即将升入 8 年级的学生上一门先修测试课程，评估他们能上什么样的高中，并为他们的高中入学考试做准备。

所有其他的同事、老师和咨询人员要么就是在 Regis High School 上过学，要么就是参加过此项目，他们都来自纽约地区。而我本人是来自印第安纳州，离纽约和圣母大学都很远，最近的大城市开车也要 3 个小时。自然，住在纽约对于我来说有很大的不同，那里的孩子也让我很难忘。他们喜欢喊我的昵称，并且常问我是否开拖拉机去学校。

这些孩子的家庭大多是在贫困线以下，他们的父母没有大学文凭，很少有人会说英语，很多是移民过来的。即使学生能够接受公立教育，他们也觉得自己在这种教育体制内会失败。他们上的公立学校质量远不如私立学校，从这点也明显看出他们比美国学生落后了许多。

没有机会接受美国最好的教育是很可惜的，因为他们都是很有才能的学生。能够参加这个项目的学生都是最优秀的，所以竞争很激烈。一个学生有一天到我面前，背诵了圣母大学著名教授 Knute Rockne 的一篇演讲。这位学生和圣母大学没有什么关系，他看了 Knute Rockne 的演讲多次，学会了他特有的方言和语调。他又问我对这位教授的了解，说真的，他了解得比我多。不用说，这位学生真的很聪明，让我赞不绝口。他还主动问我许多问题，并认真与我探讨。我没有什么教学经验，所以起初觉得解释一些简单的公式和术语很具有挑战性，但是我发现学生理解得很快，并掌握得很牢固。

他们每一天都在提高自己能力和学习，他们的能力换来了骄人的成绩，他们在暑假还能坚持很早起床，用功学习更为不易，让人感动和受到鼓舞。

我真的无法用言语表达自己对他们的钦佩。小挫折根本打不倒他们，同时他们总保持一种感恩的态度。他们每天柔和地微笑着。在每晚睡觉前都有检查和反馈的环节。我每次任意找一个章节的知识点提问，孩子就能立刻答上来。每天回顾当天的工作我总是觉得很满足、很高兴。

我们能够团结一致，冲破障碍。我们可以努力地消除一些不平等，凭借自己的努力开拓新的天地。

这次 SSLP 项目对我的人生产生了极其重要的影响，我很高兴地说这将是我在圣母大学接受教育的一个很大的亮点，它不仅仅是在大城市的一个精彩的暑假。我现在对世界有了更新、更全面的看法，我更加珍惜生命里的每一天，并学会做更多的对己对人有益的事。

6.1.4.4　项目特色

暑期服务型学习项目（SSLP）意在帮助社会边缘化的人群，服务地点是美国国内。服务方式多种多样，项目课程五花八门，体现了美国通识教育的特点。将一定的课程学时和服务实践相结合，引导学生了解社区机构的实际问题，思考社会福利制度革新的良方，有助于培养学生对国家发展前景和社会环境的敏感性，为增进社会和谐安康、公平公正做贡献。

国际暑期服务型学习项目（ISSLP）的内容和宗旨与上述相同，独特之处在于其内容有一定的人文色彩。圣母大学努力挖掘人性中的美与善，把人文信仰的力量转化为鼓舞人们进步和奋斗的原动力，真挚而充满温情，积极而洋溢光明。在不完全实现公平的社会里，贫困的人们更应当心怀信念，饱含激情地去追求自己所要的东西。没有任何的生命应该被轻视，没有任何的感情应该被淡漠，给自己一个舞台，让人生绽放最美的花朵。

6.1.4.5 评价和启发

圣母大学项目中心推行的将本科通识教育融入到服务型学习中，建立了跨学科的教学和学习模式，并为学生创造了与现实社会生活紧密关联的课程学习环境。圣母大学的本科通识教育体系获得了巨大的成功，它与社区服务的有机结合成为了该校教学体系的一大亮点，给予我们借鉴和启发。

（1）服务型学习是基于社区服务的教学模式。社区需要的多样性，决定了服务型学习能够与各种学科领域的通识课程相结合，丰富通识课程的教学形式，改进教学手段并提升教学效果。

（2）服务型学习课程的设计并不是孤立的，而应注重知识的关联性以及层次的递进。只有建立完整的课程体系并贯穿始终，才能发挥服务型学习的最大优势。为了服务型学习的持续开展和广泛实施，学校应制定相应的支持政策，引导和鼓励教师开发新项目、新课程。

（3）服务型学习活动多样化的特点，要求学校建立严格的课程审核程序以保证教学质量的稳定性。学校应为开课教师提供必要的引导，在正式开课之前对教学计划以及服务型学习活动方案进行全面细致的审查，保证课程质量。

6.2 中国港澳台地区

6.2.1 香港特区

6.2.1.1 案例：香港理工大学服务学习制度及推行现状[①]（Service Learning at Polytechnic University）

1. 介绍

香港理工大学致力于为学生提供全面的教育。其关注点不仅在训练批判性思维、解决问题能力和培养具有专业知识的人才等核心领域，也包括一些常常被忽略的领域，如公民责任和社会正义。

---

① 本文翻译、整理自香港理工大学官方网站：www.polyu.edu.hk

在过去的几年里，香港理工大学已经成功鼓励很多学生通过各种类型的社区服务进入社会。这些活动包括没有学分的活动和纯课外活动、与内地的合作项目等。我们的下一步计划是加强有学分的服务学习所占居的比重，从而鼓励学生。

为了保证学术质量，这些项目拥有适当的教学、训练和评价体系，来确保学生可以从中受益。这些项目均为面向学生的强制性项目。当然，学生在主题、规模、环境选择、客户等方面都有充足的选择自由。

香港理工大学服务学习的定义：

服务学习是指，直接为有需要的人如为贫困学生提供家教，为偏远乡村修建桥梁，对欠发达地区进行健康教育等；或者间接地为社会或弱势群体提供服务，如提供野外的可持续发展、倡导社会公正等这两项公民参与的活动。包含本地服务和两岸服务。

2. 服务学习项目要求

（1）服务学习主题类型。

①开放式的 GUR（General University Requirement）主题：适用于全体学生，如全球化问题、跨文化问题、贫困问题等。

②GUR 主题：适用于受过专业训练的学生，如跨学科问题、用工程方案进行扶贫等。

③一个满足服务学习规定要求的 DSR 主题。

满足 GUR 的服务学习项目可以有以下几种主题：

①通用主题：例如，全球化问题、跨文化问题、公民责任道德问题等。

②特定学科主题：例如，利用语言、信息技术、医疗卫生知识、工程知识、业务技能等专业知识来帮助弱势群体或非盈利组织。

③跨学科主题：例如，采用综合语言能力和计算机技术专业进行教学；综合护理专业和社会工作技能为贫困阶层工作；整合数学和工程技术进行可持续发展的研究；结合设计和代课技巧，来帮助非政府组织服务穷人等。

（2）服务学习项目申请标准。

所有的申请都要经过发行部（Offering Department）的负责人的批准。

鼓励学生发挥创造力，不拘泥项目建议，在各地的服务学习项目中进行灵活选择。

服务学习项目能否被通过的标准由学术规划委员会的一个小组——服务学习主题小组委员会（Sub-committee on Service-Learning Subjects）根据一般大学要求决定。

一般情况下，需满足以下标准：

①必须包含 3 个学分。

②必须是 2 级或以上科目。

③可以持续 1~2 个学期。

④除了取得与主题的学术内容相关的结果外，还要拥有相应的学习成效（Intended Learning Outcomes）。即在完成项目后，学生能够：

A. 具有在服务中运用所学知识，处理复杂问题的技巧。

B. 能够反思自己的角色，意识到自己专业的责任和作为一名社会公民的责任。

C. 对需要帮助的人拥有同情心。

D. 展示服务学习和学术内容的联系。

⑤必须将以下内容包含在"教学、教学方法"（Teaching/Learning Methodology）中：

A. 聚焦于所在学科的学术焦点。

B. 发现有意义的社区需求。

C. 为学生与该服务的用户或社区成员提供直接交互的机会。

D. 使得学生和服务对象都能获益。

作为一个 3 学分的项目，学生需要花费至少 40 个学时（约为预计花费时间的 1/3）的服务学习。预计服务时间需要在"学生学习努力期望"（Student Study Effort Expected）中明确指明。

⑥必须在"科目概要/教学内容"（Subject Synopsis/Indicative Syllabus）中包含关于服务对象的道德和伦理考虑。

⑦必须在"教学/教学方法"中包含如何使得学生在服务中学习和作为专业学生如何在社会责任中扮演好自己的角色的反思。

⑧必须在其"考核方法"（Assessment Methods）中包含使用字母分级系统严格而系统的总结的学生活动中的表现和他们在活动中得到的收获。

3. 服务学习的运营和融资模式

普通教学与服务学习是不同的，其中一处在于服务学习中，社区服务模块是其教学要求的一部分。社会服务模块能否与项目本身顺利结合是保障学习效果的关键。

要保证项目的成功进行，需要重点关注两个关键点：经常性的项目监督，服务合作者与服务人员的良好沟通。下面是在计划服务学习时的一些可实行模式的建议：

（1）部门工作人员进行充分参与。

（2）跨部门合作。

（3）部门和服务学习办公室的合作。

（4）部门与机构合作伙伴的合作。

服务学习学科是由大学根据 one-line budget 制定的以个人和学分为单位的计算标准来提供资金的，这些资金包含教学费用以及其他有关模块（如社区服务模块）的额外花费。

为服务学习提供的资金要高于为普通 GUR 项目批准的资金，因为社区服务需要充足的资金来保证圆满展开。

对于涉及多个部门的项目，例如上面提到的模型（B）（C）和（D），需要根据其付出按照比例分配资金。如果可能的话，受提议者请注明工作量和资金部门之间在这个项目提议中的供需分配。

4. 已批准项目部分摘抄

2014 年 9 月 25 日，参议院第 84 次会议通过以下服务学习科目在大学本科学位课程中的实施。2014—2015 学年第二学期开始：

Faculty	Department	Subject Code	Subject Title	Subject Leader
FAST	AP	AP2S01	Enhancing Scientific Literacy through Daily Physics	Dennis Leung
FB	MM	MM3S02	Business Project Development and Implementation for Underprivileged Communities	Eric Lam
FCE	BSE	BSE2S01	Science for Healthy and Sustainable Living Environments	K. W. Mui
FENG	EIE	EIE3S01	Serving People with Special Needs through Assistive Technologies	C. K. Leung
FHSS	SN	SN2S03	Healthy Lifestyle Challenges for Developing Communities	Phyllis Pang

Faculty	Department	Subject Code	Subject Title	Subject Leader
	SN	SN2S04	Mentoring Health Ambassadors for School Communities	Regina Lee

5. 具体实例

（1）柬埔寨服务学习之旅①（Service in Cambodia）。

时间：2012年5月26日—6月6日

参与人员：41名柬埔寨志愿者和由9个不同专业共56名香港理工大学师生组成的服务队。香港理工大学团队中包括了34名服务学习科的学生、10名志愿服务的学生、2名教授、8名教学助理、2名观察员。柬埔寨团队包括29名正在当地社区学院修读副学士学位的学生和12位翻译。

服务内容：分成10个小队深入社区进行不同层面的服务。一共与7家社会福利机构进行合作，服务对象总共超过750人，被服务者包括街边儿童、艾滋病孤儿、边缘少女和贫民窟中的贫困家庭。

本次服务包括：教导基本计算机知识，例如，如何使用数码科技讲述故事、创作动画，建立计算机实验室，开设定格动画学习班，帮助贫民窟村民建立社区等。

进行了详细的家庭采访调查、采集数据、分析数据等后续工作，以协助当地服务机构为受访家庭提供更适合的服务。

（2）印尼农村服务学习之旅。

时间：2012年6月18日—7月12日

参与人员：21名香港理工大学学生与当地大学（印尼杜塔瓦卡纳基督教大学）以及澳洲国立大学学生共同参与。

服务内容：三所大学的学生混合组成不同小组，入住当地村民家中约

---

① 本节与下一节完全根据香港理工大学提供下载的 OSL _ Newsletter _ Issue1. PDF 进行部分调整写就。

一个月。适应异地生活方式的同时，学习了本土文化，用专业知识服务当地社会群体。

提供了以下 5 个方面的服务：健康护理、地图制作、教育、水源供应以及经济。

最后，学生向当地政府官员进行了服务学习成果与相关建议的简单报告。

6.2.1.2　案例：MindJam 计划

1. 项目背景

MindJam 计划是一个宗教慈善的项目。该计划从 2014 年 12 月起执行，将持续至 2016 年 6 月。项目主办单位为慈山寺和香港大学社会工作及社会行政系，协办单位为 Jamcity 舞蹈学校。通过严谨的选拔过程，计划选取了 25 位来自香港 8 所不同佛教学校的中学生（年龄在 15～19 岁之间）参加为期一年多的歌舞训练。

2. 项目目标

（1）项目长期目标：通过建立一个歌唱与舞蹈的团体，让更多年轻人接触佛教礼仪及智慧，推动生命教育。

（2）项目短期目标：通过参与计划，提升青少年的自我效能、团队合作精神以及对未来的期望。

3. 服务模式

本项目以体验式学习圈为理论基础（Kolb，1994），通过体验、反思内省、归纳深化及实际应用这四个阶段的循环，形成连续性学习，改变学生（见图一）。

体验式学习理论（Kolb,1994）

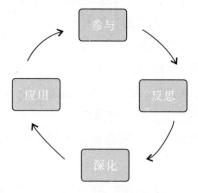

图一　体验式学习理论的演示

MindJam 计划的特点是采用表演及排练去吸引学生参与，透过辅导工作令学生能够反思并深化排练及表演的经验，让学生能够把学到的人生道理应用在生活中。计划也有研究部分，了解学生的正面改变（见图二）。

MindJam计划的服务模式

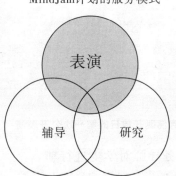

图二　MindJam 计划的要素

MindJam 计划每个星期均有专业老师对学生进行排练和表演指导。团队已于慈山寺进行了第一次公开表演。参与项目的学生被分成唱歌、跳舞和口技表演 3 个组，通过团队分工，从小组内的配合到小组间的配合，发挥团队合作精神，体会排练和表演的乐趣。

MindJam 团队每周彩排活动

MindJam 同学于慈山寺佛诞开放日的第一次公开表演（2015 年 5 月 24—25 日）

本项目有 13 位义务导师对学生进行辅导，每位导师负责两位学生，通过现场或其他通讯方式的陪伴、倾听、经验分享等，了解学生的情绪状态和压力，帮助学生进行回顾与反思，从而促进学生的自我反思和自省能力。

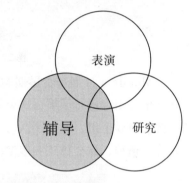

MindJam 义务导师与学生在慈山寺进行彩排

本项目由香港大学社会工作及社会行政系提供研究支持，通过问卷及访谈形式收集数据以进行纵向研究，同时加入控制组对比进行横向研究，旨在了解和分析 MindJam 学生的改变。研究结果将于 2016 年 6 月公布。图三展示了本次研究的模式。

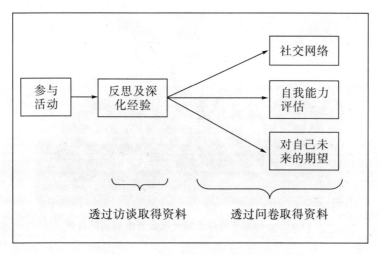

图三　MindJam 计划对比研究模式

4. 项目效果

（1）将静坐融入生活中

MindJam 每星期排练前都会先由团队导师带领进入一个 10 分钟的静坐环节，很多同学表示这个短短的 10 分钟环节让他们受益匪浅。虽然他们以前也进行过静坐，但是很多时候他们并没有认真投入。同学们表示能够投入到静坐中，和接下来的排练一静一动地形成很好的对比，也有同学表示在考试前都会用这种方式让自己放松和平静下来。

同学于慈山寺与法师静坐

（2）提升团队合作精神以及责任感

通过导师的辅导，学生参与排练的出勤率和迟到率也逐渐降低。有不少学生表示以前觉得迟到没什么，参加 MindJam 后发现一个人的迟到会影响整个团队，所以逐渐学会控制自己的时间，也有些同学表示以前的周末通常都是在学习和看电视中度过的，待在家里懒得出门，而现在每个星期都很期待周日，可以学习新的技能，结识新的朋友，也逐渐增加了走出家门的机会，愿意和更多人交流。

MindJam 同学与导师于第一次公开表演后的合照

6.2.2 中国台湾地区

服务学习的理念于 21 世纪初正式引入中国台湾地区，但早在 20 世纪 50 年代，服务学习的雏形就已经在中国台湾地区开始形成。在中国台湾地区，大学的服务教育以东海大学最早，于 1955 年创校时已经开始实施。而在开始之初，中国台湾地区的服务学习内容主要是大学生参与慈善活动。19 世纪 60 年代以后，政大指南服务团、师大秋千社区服务队、台大慈幼会先后成立，大学生以学生社团的方式参与社会服务[①]。到 20 世纪 70 年代，在一系列重大事件的冲击之下，青年学生开始以实际行动关怀社会，中国台湾地区高校的服务性社团也在这一时期蓬勃发展。如台大的社会服务团、政大的爱爱社、辅仁的同舟社、淡江的慈幼会等，都是大学生参与社会服务最富的当时所成立的社团。20 世纪 80 年代，中国台湾地区政府颁布一系列推动志愿服务的原则方案，使得中国台湾地区大学生参与志愿服务的热情更高、服务领域也更加广泛多元。近年来，在台湾地区教育机构推动服务学习方案策略下，各大学纷纷成立服务学习课程相关实施办法，推动服务学习课程。

服务学习（Service-Learning）的理念源自于美国，它是一种"服务"与"学习"结合的经验教育方式，简单来说，就是"从做中学"，而反思与互惠是服务学习的两个中心要素。服务学习是一种教学模式，通过开展计划

---

① 黄玉总校阅. 从服务中学习：跨领域服务—学习理论与实践 [M]. 台北：洪业文化有限公司. 2008：72.

性的服务活动，协助学生将学识结合社区的需求，不仅可提供给学生多元学习管道，更可让学生从服务过程中了解社会多元性。许多研究也显示服务学习策略对学生可能产生的正面影响包括培养自尊与自重、改善人际关系技巧、提升课业学习的动机与兴趣、提高学业成就、有助生涯认知、协助个人成长与发展、涵养社会责任感，以及激发对社区环境的参与感等。

　　它帮助学生有意义地服务学校和社区。年轻人学习并运用在学校学到的技能，解决真实的问题。他们连接了学习目标以及社会的需要，与成年人成为伙伴，学习主导流程。他们运用批判思考的方式，并配合问题解决的技巧，关心诸如饥饿、污染等多元问题。

　　随着 21 世纪的到来，志愿服务（Volunteer Service）成为重要思潮，在校园中，结合社区服务和学习目标的服务学习方案，也开始蓬勃发展。中国台湾地区教育机构顺应此潮流，于 1996 年 5 月 9 日及 6 日制定了《大专校院服务学习方案》，推动各校服务学习相关课程。此方案的颁布，标志着中国台湾地区高校服务学习的开展走向成熟。

　　台湾地区教育机构极为重视服务学习的建设，建立了"青年发展服务学习网"等平台，颁布《服务学习推动方案》《大专校院服务学习方案》《专科以上学校强化学生兼任助理学习与劳动权益保障处理原则》等方案，成立了"大专青年偏乡艺术教育工作队"，定期举办服务学习微电影竞赛等活动，积极推动各高校的服务学习建设。至 2011 年，台湾地区 170 多所大专院校里有 150 所高校设置了服务学习中心，将服务学习课程纳入正式课程当中，服务学习的内容对象更加多元化，其实施开展方式也更加科学有效；同时，关于服务学习的学术研究成果也更加丰富。台湾地区的教育机构亦鼓励大专院校学生社团的志工服务活动，包括"大专院校社团带动中小学社团发展计划"和"教育优先区寒暑假中小学营队活动"。其中"大专校院社团带动中小学社团发展计划"于 2012 年共补助 87 所大专院校的 461 个社团执行了498 个计划，服务志工人数累计 7739 人次。

　　服务学习项目自开展以来，涌现出大量优秀的服务学习项目，如台湾大学课外组开设"服务学习—偏乡医疗服务"，每年暑假组队前往偏远山区，为医疗资源不足的原住民部落提供医疗服务、建立小学儿童成长营队、宣传及推广居民保健预防知识等。

　　为强化服务学习方案的成效，中国台湾地区的教育机构将推动服务学习方案的成果纳入到相关访视、评价考核指标及相关奖补助的依据中，借此鼓励大专院校学生积极参与志愿服务，提升高等教育核心能力的培养水平。

6.2.2.1　服务学习推动方案的缘起

"服务学习"（Service-Learning）是经验学习的一种形式，青年学生在服务过程中满足社区与被服务者的需求，通过服务学习过程中的反思与互惠，获得学习效果与成长。

自古以来，我们的社会崇尚善的本质，存在着各种以家族、人际、团体间的互助系统，表现出人类慈善的情感。在教育领域，德育的培养与智育的发展同等重要。过去便有劳动教育或类似服务教育的做法，但运用服务学习的概念推动教育，并使之成为一种新的教学方法的做法兴起时间尚短。但随着社会对教育目标与品德涵养功能期望的提高，服务学习已渐成潮流。许多学校与组织在推动过程中，持续反省及检视，对服务学习采取结合专业、在做中学等方式，加入参与服务后反省内化的设计，产生正面的学习效果。对此各界多持肯定的看法，也推动了服务学习的发展，有助于教学中"知、情、意、行"目标的达成，故推动服务学习的意愿与决心在中国台湾地区已蔚为风气。

相关教育机构为落实推动大专院校服务学习，于 2007 年 5 月 9 日制订了《大专校院服务学习方案》，并于 2007 年 10 月底编辑完成《大专校院服务学习课程与活动参考手册》，函送大专院校提供学校开设服务学习正式课程参考，鼓励各校透过有系统地设计、规划、督导、省思及评量，达成设定的学习目标。2010 年 10 月 29 日修订《大专校院服务学习方案》，鼓励各大专院校成立服务学习推动单位，规划服务学习课程，并将原有学生的社团活动及志愿服务活动结合相关训练课程，或将原有课程结合社会服务活动或实习服务活动，积极开展并落实服务学习。对于高中职部分，综合活动学科将服务学习列为五大工作内容之一，透过与班级活动、社团活动、学生自治会活动、学校特色活动等结合，将服务学习元素融入综合活动学科，配合学校、社区需要，实施计划性的服务学习活动。对于中学部分，由于 12 年基本教育将"多元学习表现"列入 12 年基本教育免试入学超额比序项目，其中服务学习也成为许多县市的参考依据，增加了师生对于学生投入服务学习的意愿。2011 年相关教育机构制定了《补助中小学服务学习计划》，并出版《中小学服务学习教师手册》，鼓励中小学以课程为基础进行服务学习，落实服务学习理念，提供教师设计与实施服务学习课程的参考。自 2013 年起，以各级学校推动服务学习业务人员为对象，办理服务学习种子师资培训，宣传服务学习理念及内涵。通过服务学习，培养学生社区服务能力，学习助人利他的态度与价值观，落实品德教育及人民参与的精神与扩展学生的视野、开阔服务他人的胸襟。

以往服务学习的推动实施，在大专院校已获得重视，并融入到课程或活动中，将服务学习的推动赋予新意。为推广服务学习并深入校园，本方案着重于服务学习推动的连续性及向下扎根。除持续鼓励大专院校推动服务学习，将服务学习融入到正式课程外，还举办服务学习相关师资与人才培训，整合相关单位、社区及非营利组织资源，联结小学、初中、高中到大专院校，强化服务学习体验与学习经验。

6.2.2.2 方案目标

该方案着重于服务学习观念的推广，建立合作推动网络，累积经验传承，做到与国际接轨。故拟定具体实施与推动策略，由相关单位分工协力推动。服务学习的功能主要包含学生、学校、社区及资源整合四方面，通过服务学习观念推广及落实，达到全赢的目标，这里对方案、目标做如下介绍：

（1）学生方面：通过服务学习，促进学生从小培养社会责任、服务技能、个人发展及在真实生活情境的学习能力，以及反思学习能力与批判思考能力，同时，服务经验也带给学生正向的成长经验，使之成为关心社会议题、投身公益服务、参与社会建设的新青年。

（2）学校方面：通过服务学习改善学校师生关系，加强师生之间的互动，增强学生学习的主观能动性。转变学校气氛，建设更加开放、积极的学习环境。连接学校与周围社区，增强合作，实现资源共享。

（3）社区方面：学生服务带给社区（及机构）新的思考，为其提供实质的帮助与解决问题的方法。社区经由服务学习，与学校及师生建立伙伴关系，共同成长并达到互惠的功能。

（4）资源整合方面：通过服务学习方案的推展，将服务学习理念的落实加以制度化，融合学校、社区及非营利组织的力量，共同创造服务学习合作与支持网络。

6.2.2.3 实施期程

2014 年 1 月起至 2016 年 12 月 31 日止。

6.2.2.4 实施原则

1. 促进学习，建立价值

"服务学习"强调"服务"与"学习"的相互结合，在服务的过程中获得学习的效果。要达到学习与服务并重的目标，最有效的方式即是通过与学校课程相结合的服务学习模式。学生应用所学的知识与技能，在专业师资的带领下，透过有计划的社会服务活动与结构化的反思过程，完成服务与学习双管齐下的需求。并借由反省与内化思考，以反思所学的价值与可改善之处。通过对服务经验的反思，促进服务者的学习与发展，培养助人态度与公民责任。也可通过服务学习与社区产生互惠，共同成长，进而达到社会正义的价值。

2. 多元参与，互惠成长

服务学习是一种经验教育的模式，通过有计划的社会服务活动与结构化设计的反思过程，完成服务的需求，并促进服务者（学生）的学习与发展。使学生、学校及社区三方发生改变。服务学习的推动重视多元参与，涉及学校、教师、学生、社区以及民间组织的交流，使每个参与者都能成为服务学习的实践主体。学校与社会形成多元教育伙伴关系，并为学生提供多元的选择，以适应不同学生的兴趣、能力与需求，发挥多元智慧，使学生具有思辨、选择与反省进而认同、欣赏与实践的能力。

3. 统整融合，转化创新

服务学习以创新原则为根本，通过选择、转化与重整方式，促进学生的新思维、新观念、新行动，增进学生的社会与公民责任、服务技能、个人发展及在真实生活情境的学习能力，强化反思学习能力与批判思考能力。而服务学习的执行与推动，可在学校既有的基础与特色上，融合学校的正式课程、非正式课程以及校园文化，并可结合民间团体资源共同参与。此外，亦可融入现行教育政策、课程教学或相关活动，结合现有社会或终身教育等进行推动，强化服务学习的功能。

4. 分享成果，持续投入

服务学习的推动以激发意愿与鼓励分享为主，让学生、被服务对象或单位、老师一起来分享彼此的学习与成长经验，通过分享，学生肯定自己的参与和贡献，并激起持续投入服务的决心。分享也可帮助服务机构或被服务人看到自己带给学生的学习成果，从而建立自信心，有助于建立关怀文化。成果分享的方式可以以庆祝同乐的方式进行，并可颁赠感谢奖状、徽章、证明等。另外也可辅导并鼓励学校结合社区发展特色，成为推动服务学习的合作伙伴，并进而引导社会教育的正向发展。此外，亦可激励民间组织，齐力参与服务学习的推动工作。推动单位也可运用适合的评量工具来了解学生的学习成果，和合作社区互惠成长。

6.2.2.5   实施策略与重点措施

1. 培训服务学习种子师资与行政团队

（1）针对各教育阶段办理服务学习种子师资及行政团队培训课程及实务工作坊，鼓励大专院校依其特色及需要办理相关师资培训。

（2）办理服务学习社团，指导教师研习。

（3）办理服务学习专业才能培训及观摩研讨会。

（4）办理县市政府服务学习承办人员技能培训，并督导县市政府办理中小学教师服务学习技能培训班。

（5）办理社区及非营利组织人员培训班，建立社区服务学习平台。

（6）发展服务学习种子师资认证制度。

（7）鼓励各师资的培育，将服务学习列入教育学程修习内涵。

（8）将服务学习列入各级教育主管行政会议（或培训课程）中进行推广。

2. 强化服务学习课程及活动内涵

（1）各级学校共同部分：

①建构学校推动服务学习核心价值与实施准则，纳入校务发展计划，整合教务及学务系统资源，并成立校内服务学习专责推动单位，建立全校共识共同推动机制。

②将服务学习元素多元地纳入各学科领域及通识教育课程中，鼓励多元创新的教学方法，研发服务学习教材及示范性案例，并纳入教学评鉴指标或教师专业发展评选项目。

③办理服务学习教学研讨及成果分享，增加服务学习授课教师经验交流机会。

④将服务学习融入校园各类活动中，发展融入服务学习中的品格教育、艺文、社团活动、学生自治活动等，加强宣传。

⑤发展国际服务学习方案与国际服务学习参与案例分享，扩大学习范围，与国际接轨。

⑥透过校长、教师、行政团队、周围社区及非营利组织，共同营造友善服务学习场所。

⑦办理服务学习亲职研习，并结合社区活动，以增进师生服务学习知识。

⑧办理或鼓励教师参加专业服务学习培训课程，增进教师的服务学习

技能。

⑨建立学校服务学习自我评核及改善机制。

（2）大专院校部分：

①奖励系所开设具服务学习内涵之专业领域课程。

②鼓励学校开设具服务学习内涵之校定共同课程及通识教育课程。

③补助大专院校学生社团发展服务学习活动。

④透过大型奖励及补助计划（如教学卓越计划、奖励私立大学院校发展计划等），鼓励学校推动服务学习。

（3）高中职部分：

①将服务学习融入高级中等学校及职业学校各学科课程中实施。

②鼓励学校在课程中引导学生建立服务学习核心价值，并通过综合活动、童军活动、艺术活动、社团活动等多元方式，认识、体验并实践服务学习。

（4）中小学部分：

①将服务学习融入中小学课程各学习领域及弹性学习节数中实施。

②将服务学习课程规划问题纳入"中小学课程发展之相关基础性研究"中进行研讨。

③持续推动实施"补助国民中小学服务学习计划"。

④鼓励中小学运用周会、班会、导师时间及全校性活动等，结合生活课程、综合活动领域、艺术与人文领域及品德教育、童军活动及社团活动、体育竞赛、日常打扫活动、自治活动等多元活泼方式，引导孩子认识、体验并实践服务学习精神。

3. 充实服务学习资讯平台

（1）建立服务学习网，汇整各级学校及民间团体推动的服务学习实务案例、相关教材、国内外研究等，并定期更新。

（2）扩充服务学习网效益，透过线上需求公开及设计互动机制，成为学校与服务机构间的媒合平台。

4. 扩大服务学习资源网络

（1）通过服务学习资源网络调查，汇集国内各县市社区组织或非营利组织推动服务情形概况，并加以评审及鼓励。

（2）汇集国内各级学校校内服务学习推动单位及推动情形。

（3）鼓励学校与周边社区及非营利组织合作，建立联结及沟通管道，成为服务学习推动伙伴。

（4）在区或县市办理区域性服务学习成果分享，推动服务学习风潮。

（5）办理服务学习相关宣传活动，提升社会大众对于服务学习价值的认知，强化家长教育引导。

5．鼓励服务学习相关研究及教材研发

（1）鼓励进行服务学习相关研究，并发表研究结果。

（2）研发、搜集适用于各教育阶段学生的服务学习实体、数字化及网路教材，表扬优秀教材，增加服务学习教学的多元及丰富性。

（3）建立服务学习教育人才资料库，并通过多元管道宣传。

（4）针对各级学校学生制订服务学习评价指标，提供给教师作为评价学生参与服务学习课程学习成效的标准。

（5）制订服务学习单位执行成效的评审指标。

6．服务学习评价与奖励表扬

（1）选拔绩优服务学习推动学校、社区及非营利组织、绩优方案及推动服务学习有功人员，进行表扬。

（2）将服务学习执行成效纳入相关评测指标，激励各单位推动服务学习。

7．其他

（1）规划办理服务学习携手计划，由办理服务学习卓有成效的大专院校引领周边中小学推动服务学习。

（2）参与国际性服务学习研讨会。

（3）规划及办理服务学习年系列活动，展现服务学习推动成果，卷动服务学习风潮。

6.2.2.6　组织分工

为协调整合及建置服务学习平台，积极推动各级学校服务学习，设置服务学习推动会，由相关负责人担任召集人，设置推动会委员 25～27 人，成员包括专家学者、教育机构代表、民间组织代表等。每 6 个月定期召开会议 1 次，必要时得召开临时会。

（1）人员培训：鼓励及选派所属教师及行政人员参与相关培训课程及研习活动，充实服务学习知能。

（2）强化课程及活动内涵。

①于校务发展计划中构建推动服务学习核心价值与实施准则，整合学务

及教务系统资源，并建立校内责任制，推动单位共同开展。

②依据本方案理念及学校特色，制定服务学习的方案或计划，由校内各单位依权责进行分工，并加强单位整合和协调合作。

③制订国际服务学习方案，扩大服务学习领域，增强学生关怀力。

（3）充实资讯平台：鼓励校内教师及行政人员多加运用服务学习网，也可提供实务案例放置在网站，供大家参考。

（4）建构资源网络：了解校园周围社区及非营利组织的分布及属性，了解服务需求，建立合作模式。

（5）研究及教材研发。

①设定奖励机制鼓励学校教师及行政人员做好服务学习相关研究。

②鼓励学校教师充分运用内部研发的相关教材及发展创意教案。

（6）评价与奖励表扬。

①鼓励及推荐校内老师及行政人员参与服务学习绩优人员选拔活动。

②鼓励校内老师及行政人员参与服务学习年等各项相关活动。

4. 社区及非营利组织

（1）鼓励业务相关人员参与服务学习各项研讨及培训活动，以及绩优人员评选活动。

（2）依本方案理念及单位特色、需求，结合各级学校共同推动服务学习方案。

6.2.2.7 经费

本方案所需经费由本部各单位分年度确定支出（分年度调查各单位预算编列情形）；各级学校依照方案分工配合编列预算收支，或列入相关专案计划申请补助。

6.2.2.8 成效评估指标

（1）完成各级学校、社区及非营利组织推动服务学习实施现况调查。

（2）完成办理各级学校种子教师及行政团队的服务学习种子师资培训或工作坊、专业知识研习及教学观摩研讨活动。

（3）完成发展服务学习的评量指标并进行测评，作为了解各级学校推动服务学习实施成果的评测工具。

（4）发展服务学习示范性学校，由其自行定制纳入服务学习推动的校务发展计划，并整合资源加以推动，逐步深化，进而带动周边地区国中小推动服务学习。

（5）完成规划办理服务学习年系列活动，推动服务学习的风潮。

（6）透过检讨与回顾，提供下一阶段服务学习方案。

6.2.2.9　未来展望

服务学习强调"从做中学"的理念，以提供服务者（学生）为主体，在不同教育机构设定明确教育学习目标，让孩子在受教育阶段即有机会逐步与社会接触，培养服务精神，增加公共意识，提升公民素养。透过本方案的推动，让各级学校、社区及非营利组织共同落实执行，将服务学习理念向下扎根，扩散推广多元关怀学习，进而提升竞争力。

6.2.3　案例：台湾大学①

1. 课程宗旨

1995 年 6 月，台湾大学（以下简称台大）通过新的服务学习课程施行办法，将单纯的"劳动服务"改为服务与学习并存的"服务学习"，鼓励学生投入服务工作，实践服务学习的精神，进而培养学生的高尚品德，作为优秀人才所需的气度与包容心、建立全人教育；进而反省内化，增进学生对本科系、学院的认识，在拥有丰厚学养之余，更能承担社会责任。

2. 课程内容

（1）服务学习课程一：大一学年必修，以维护学系及学生所使用公共空间环境整洁、美观为原则。也可由本小组提供一般性服务工作由各学系选择。

（2）服务学习课程二：大二学生必修，以学系及学系外本小组规划的校内外非专业性服务为原则。可与校内外志工团体结合办理。

（3）服务学习课程三：大三学年必修，以与学系性质有关的专业性服务或学生社团的校外服务为原则，可由本小组提供一般性服务工作由各学系选择。

（4）课程设 0 学分。

3. 组织架构

（1）服务学习课程执行小组（以下称执行小组）：由学务长为召集人，组成成员有教务长、教务处注册组、课务组、师资培育中心、教学发展中

---

① 选自台大服务学习网。

心、总务处事务组、共同教育委员会等各单位推派专职人员，以及学生代表共20人。其职责为定期开会，制定规划及执行原则，并对各课程进行督导考核工作。

（2）专责承办单位：承办单位为学生事务处课外活动指导组，执行人员包括课外组组长与组员1人。其职责为召开执行小组会议、办理教学助理培训、各种宣传说明会、制订课程作业流程、受理开课申请、"CEIBA"网站管理等。

（3）开课单位：各学系与非学系（社团与行政单位）均由本校专任教师为授课教师，并选拔研究生担任教学助理（TA），协助教师课程的进行。

（4）组织分工：服务学习课程由执行小组统一制定规划与执行原则并负责教学助理的训练与督导考核，由各学系负责细部规划与执行，任课教师参与督导，各行政单位配合执行。同时，由本小组视教育目标与实际需求，提出方案，提供给各学系办理。

4. 开课流程

开课流程请见图四。

5. 课程评价

（1）提交学习心得，内容包括期中反思纪录表、期末心得报告、服务学习知识讲堂网站观赏心得报告三部分，通过网上提交，由任课老师进行评分。

（2）授课教师选出服务表现优异学生（每20人可以选拔1人，未满20人以20人计），由校方颁发奖状以资鼓励。

（3）因本课程为0学分，故不进行打分，采用通过或不通过的考评方式。如果不通过，必须重修，全部通过者方可毕业。

（4）学生申请校内各项奖学金及工读时，其服务学习课程成绩为审查条件之一。如果在申请前所完成的服务学习课程成绩有不通过者，就不得申请；申请工读而服务学习课程成绩优良者，优先录用。

（5）学校于每学年结束前还会办理服务学习课程成果展，邀请各开课学系、行政单位与社团办理成果联展。同时并办理服务学习心得征文比赛，评选优良同学并颁发奖状与奖金。

6. 在线资源

台大专门建设有"台湾大学服务学习网"，在网站上为全校提供社区服务资讯，与服务学习相关讲座的预告，对同学们有关服务学习课程的困惑进

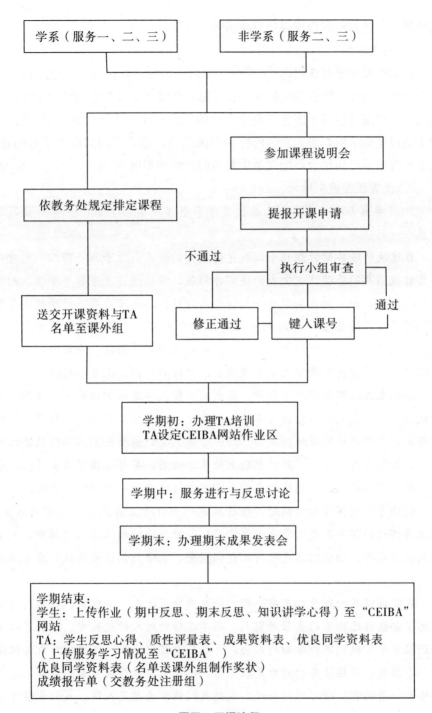

图四 开课流程

行解答，对优秀的课程成果进行展示等。

7. 特色总结

台大的服务学习课程以"0 学分，必修"为特点，让每一名学生都参与到服务学习当中，增强学生的社会责任感；并将服务学习作为评价学生的指标之一，提高学生对于服务学习重要性的认识；让学生自己制定服务计划，把主动权交给学生，培养学生的协调组织能力；建立专门的服务学习网站，线上与线下学习相结合，增强学生参与的热情和积极性。

8. 优秀课程成果展示

2011 年服务学习 SUPER 课程奖学系组第一名：生物产业传播暨发展学系——郑宇婷。

在这次的服务学习课程中，我觉得最大的快乐来源于与一群人一起对一个目标规划共同感受。这次我们决定办影展，虽然组员覆盖各个年级，相处的时间很少，但只要我们聚在一起讨论的时候，总是可以有一致的想法与目标。有时候嘻嘻哈哈的，却也可以想出一些不同的点子，真的很快乐！另外，农陈馆是系上最近的重点之一，我们为它规划的影展，希望能够为农陈馆带来人气，同时也希望大家重视农业，这样的付出，也是一种快乐！

我在本次的服务学习课程中，最大的收获应该是如何规划一个活动并付诸执行。虽然我们的影展还没有正式的展出，但是我们已经选定日期并且租借场地，希望最后能够执行成功。而一个筹划要能够执行当然不能只是纸上谈兵，我们也看过场地，想过大致上的展示效果，另外也联络许多单位，希望能够取得公播权，我想这是我们平常很难得接触的一部分吧！有时候做作业，较少考虑到著作权的问题，但这次是一个公开且算是有点规模的展出，因此著作权的部分更是需要小心注意的！另外在跟助教讨论的过程中，也学习到很多东西，助教们总是想得比我们周全，也给我们许多建议，非常感谢他们！

我觉得服务的理念就是有一种"助人为快乐之本"的感觉，当然我们不是为了要让自己快乐而去帮助别人，而是在帮助别人的过程中，我们可以学习到很多平常我们不会学到的东西，并且从中获得快乐。像这次为农陈馆设计一个影展，虽然服务的对象是农陈馆，但是最后所展现出来的影展，也是要给人们看的啊！所以间接来说，我想我们服务的也是人群，我们希望可以透过这个影展，让大家重视我们所生活的这块土地，然后可以回馈土地。我想服务课有一个很重要的精神就是"回馈"吧！我们读到了大学，社会给予我们许多东西，我们当然也要对这个社会有所回馈跟奉献！因此我觉得服务课程很重要，现在很多人都太重视自我，而忽略许多身边的事情，透过服务课程，让我们可以重新认识这个社会，让我们可以为这个社会付出，是一个很难得的经验！

2011年服务学习SUPER课程奖非学系组第一名：校史馆英/日语服务学习课程——陈佩

　　这学期我参加的是校史馆开办的服务学习，内容是中英文导览工作。最大的发现就是知道了校史馆这个好地方！以前对于静静矗立在椰林大道前端的它没有什么特别印象，平时也不会刻意去注意。总觉得"校史馆"神圣肃穆、甚至冰冷，堆满不易亲近的厚厚陈旧校史。但是真正踏进校史馆后，才知道不是那么一回事！相反，它让人以轻松舒适的心情，从一些实体文物中，怀念创校以来的年岁。在培训的过程中，我也更深入地了解了关于学校的一切，还有学生生活的各类轶闻趣事。

　　在校史馆导览培训的过程中，我很感动的是，在这里，每个文物都有它们美丽的故事；再小的东西，都有深刻的文化底蕴。例如，各方送给台大校庆纪念的礼物，即使看来最不起眼的砖瓦，却有着深沉的历史伤痛及最诚挚的感谢。培训中提到的访客反应也很有趣，例如，把脚踏车共乘方式改变解释为女权觉醒的外国教授，以及因为反向走过大学池上的桥而哭的学生。

　　这些都像是在告诉我们，即使是回忆里的某个小片段、历史洪流里的某个小漩涡，都不能轻易地以等闲视之。因为他们都真实地代表了每个时代的历史印记，而且无论穿越了多少年岁，都能和不同世代的人激起不同火花和共鸣。

　　我很高兴认识了校史馆这个地方，也更深入了解有关台大的一切。我想，除了那些光彩夺目的学术排名、高级完备的建筑及仪器，造就这间学校与众不同的，还有软性的历史痕迹。傅校长的精神、首批学生入学的不易、动荡时代里青年学子的热血、可能每天都会接触到的台大农场产品，每个都有说不尽的故事。这些时光的痕迹，都是我们最珍贵的资产；每颗不起眼的沙粒，都可能淘出灿亮的历史金沙。

　　另外，校史馆的服务学习，让我更了解自己所念的学校，并且更愿意、更有兴趣。

6.2.4　案例：交通大学①

1. 课程概况

就学生而言，服务学习可以开拓其社会参与面，增进其人际关系提高其反思能力；就社会而言，服务学习可以扩大活动的多样性，培育热心公共事务的公民；就学校而言，服务学习提供师生一个崭新的互动平台，教师不再是单纯的教导者，学生也不再是单纯的学习者，取而代之的，是一个师生共同学习，共同走入社会的过程。

交通大学（以下简称交大）于2007年开办服务学习课程，分为服务学习一、服务学习二，全校2007年（含）以后入学的大学部学生均需修习。通过两学期的课程，使学生了解服务的理念，学习服务的技巧，落实服务的精神，进而肯定服务的价值；发挥创意，规划新的服务模式，带给社会新的思考，进而成为塑造新文化的推手；在服务学习的过程，建立终身受用的独立思考、沟通表达、团队合作、问题解决、自我管理、领导协调等核心能力。

2. 课程实施方法

（1）服务学习课程分为服务学习一及服务学习二，学生须依序修习。学分由各开课单位自订，是否计入各系最低毕业应修学分数中，由各系自订，全部通过者方可毕业。

（2）学生必须按照顺序修习服务学习一及服务学习二，不得于同一学期修习两门服务学习课程。服务学习一限选修本系开设的课程，服务学习二可选修本系或其他单位所开课程。学生符合上述规定才可毕业。

服务学习一：以服务理念的建立为主，由各学系开课，学生只能选修本系所开课程。

服务学习二：以服务学习融入课程的规划及学生社团的校外服务为原则，由各学系开课为主、其他单位开课为辅，学生可选修本系或其他单位所开课程。

（3）每门课最低服务时数为10小时。任课老师或导师参与督导及讨论，各行政单位配合执行。

（4）每人每学期至少参加两场与服务学习相关的讲座。

---

① 选自国立交通大学服务学习网。

（5）服务学习课程须送推动小组审核。各系或其他单位开设的结合专业与服务学习理念的课程，经审核通过后，可同时认定为服务学习二。

（6）服务学习课程于暑假开课。

（7）身心障碍学生、经区域级以上医疗单位证明在学期间不便从事服务工作者或入学前曾修习过服务学习课程者，经系主任同意得予免修。

（8）转学生于入学前曾修习过服务学习课程者，经服务学习中心审核通过后可免修。

3．课程奖励

（1）学生服务学习课程成绩表现优异之个人及班级，于学期结束后报请学务处奖励，办法另订。

优良服务学习奖：分为"团队竞赛""心得征文"与"服务学习方案征求""优良服务学习课程教师及教学助理选拔"四项。

国际公益服务奖学金：鼓励本校在学学生从事国际志工服务。

服务学习成果展：全校各服务学习班级成果影片，置于服务学习官网播放，也会安排在校园固定地方播放。

（2）本校学生于申请校内各项奖学金与工读时，其服务学习课程成绩列为审查条件之一。服务学习课程成绩优良者得优先申请工读。

4．课程实例

交通大学印度国际志工 Jullay 团

"Jullay"为印度拉达克的招呼语，意思是"你好"。交通大学印度国际志工 Jullay 团以此为名，希冀交大能跨出脚步，融入印度当地，在互信与互惠的基础下帮助对方，并借此向外拓展国际视野和建立国际观，更向印度甚至全世界说声"你好"。

交通大学国际志工印度 Jullay 团于 2010 年成立，每一届印度国际志工 Jullay 团在当年年初组织完成，并筹划当年的服务与协助内容。交通大学印度国际志工 Jullay 团以协助改善服务学校 Jamyang School 的教育为总体目

标,以"教育"帮助改善拉达克边境贫苦居民的生活,帮助位于拉达克最偏远的村落中的最贫穷的孩子。为北印度拉达克的学校提供多元教学资源,包含科学实验课程、卫教课程、电脑课程、英文阅读及篮球营,同时协助学校评估、改善卫生与照明系统。

交通大学印尼国际志工 I—DO 团

交通大学印尼国际志工团的服务地点为印尼 GLNP 国家公园雨林区,帮助当地居民开启对外联结,向其宣传环境保育概念,并且募集相机、扫描机、随身听等数码产品,用影片、照片纪录逐渐消失的地球之肺,推广环境保护的重要性,同时向当地居民示范如何简易地从生活中做环保,培养当地居民保育家园的意识,即指导居民运用数码科技传达环保概念。同时,对当地的再生能源进行评估并将结果带回交通大学,寻求相关学术与技术支援,协助设计再生能源,提供当地更稳定且环保的生活环境。

5. 国际志工团员要求

(1) 团员可申请交通大学国际公益服务奖助学金,此外服务学习中心会协助志工团队申请校外补助,个人出国自付额不超过新台币 15000 元。

(2) 须参加志工培训(包括寒假期间的"国际志工培训营"及下学期开设的"国际志工理念与实践—服务学习二"课程)。

(3) 服务结束后,个人需上交服务心得,团队上交"团队成果报告"及"国际成果影片",需举办成果发表活动,协助办理下届招募活动暨经验传承。

6. 活动心得

NCTU 国际志工印尼团活动心得　　廖佑笙

其实最大的挑战在于大家来自不同的系所,又横跨了许多年级,所以短期内大家要凑足一起工作的时间相对较困难。但在一次次的志工训练以及共事中,大家彼此的默契以及我们的目标也就渐渐堆砌了起来。

这项志工活动并不是只有出国服务的部分,还包括将 OIC 官方网站翻译为中文,让更多华人能够了解到相关的议题,并且带动当地观光、提升地方自我认同的意识。此外,为了贯彻我们发展的精神及对红毛猩猩的关怀,我们还举办了校内募零钱、发票、二手数位器材暨留言祈福的活动。

由于是在国外进行服务工作，要在全英文的环境下去进行讨论、报告，这让我学到了很多知识，也增加了自己的抗压性及弹性。我们的服务目标是要替当地建立地理图资系统（GIS）以及与 OIC 的伙伴进行组队。看着小朋友学习新知识的满足笑靥、听着小朋友津津乐道地说着印尼当地故事的神采飞扬、看到小朋友对中华文化风情的好奇表情，以及听着小朋友一次又一次复诵着我们的 slogan "Yes, I do!"，我的脸上也不禁绽开笑容。曾经在志工训练听到的一句印尼大学生看到国际志工去印尼服务所说的话："连外国人都无私奉献地来帮助我们了，那我们自己不该为自己的土地付出些什么吗？"此时我终于感觉到，原来我也成了播下志工种子的那个人，原来要实现自己的梦想听起来那么困难，却又那么简单，当然也期待着这些小种子能够赶紧茁壮成长，并让更多人受到这样的志工精神的感染。

交通大学印度国际志工 Jullay 团　陈雅琳

在拉达克的每一天都好快乐，小朋友会兴奋地带着他们的饼干糖果或刚摘下的花朵与我分享，小小的手拉着我，给我一个拉达克名字：SKARMA，意思是天上的星星。当他们说着"SKARMA! SHINY!"的时候，脸上的光芒是我最喜欢的表情。当地物质不充裕，但快乐却是那么容易，小小的校园是我们的大乐园，即便只是手拉着手逛校园都充满惊奇，孩子叽叽喳喳和我分享，太过激动还会爆出一长串拉达克文，然后看我听得一头雾水而哈哈大笑。每次见面厨房伯伯都爽朗地跟我打招呼。JULLAY 现在成为我最喜欢的招呼语，因为每一次的"JULLAY!"都会勾起那两周的美好回忆，想起那美丽的风景，以及如同家人般的他们，也对自己就读的学校更有认同感。

7. 人文社会学系服务学习

其服务学习的主题为客庄摄影，走访地点为新竹县湖口乡。

学生进行服务学习后表示，在走访过程中看着那些被保留下来的老建筑，感觉它们承载了说不尽的老故事，大家表示很庆幸在时代的洪流中还有机会在这里捕捉到历史的痕迹。

学生表示正是因为有了服务学习，使他们有了更加实质的渠道去实践、去付出他们的爱心，但也因为参与服务学习，才发现自己还有许多需要提高的地方。

关怀弱势儿童服务学习项目

本活动在西门之家开展，在开始前要进行志工培训，无论是否有服务经验，都需要充分了解服务过程中会遇到的难题以及如何配合西门之家，从而切实帮助到当地的孩子。

该项目的主要内容是帮助学生完成当日的作业，同时使学童学习基本礼貌，保持尊重和负责任的态度。除了协助学童完成作业，志工也需要在其完成作

业后进行订正，并记录当天的辅导情况。如果有概念上不清楚的地方，志工要进行题目的讲解或是利用更加简单易懂的方式引导学生进行思考。

本项目有中期汇报，在期中举行期中反思，由基金会的老师主持，同学就服务经验进行分享，如在服务过程中遇到的问题，可在期中反思中提出，专业的志工老师会提供意见和解决方法，以促进下半学期的服务学习更好地开展。

6.2.5　案例：辅仁大学[①]

1. 辅仁大学介绍

校训

辅仁大学（以下简称辅大）校训曾经是"以文会友，以友辅仁"，后来于斌校长将校训改为"真、善、美、圣"，意在培植学生成为一个完人，在学问、道德、情操求进步时，同时追求达到圣化境界即天人合一。

"真"就是追求真理，明辨是非。

"善"则是实践道德。

"美"即是真善的光辉。

"圣"便是最高的真善美。

真善美圣系指人生追求之道：借着对知识真理的追求，修德行善，欣赏宇宙万物之美至圣之境。

创学精神

辅仁大学创校迄今已 90 年，以敬天爱人之精神，为全人教育而努力，除了希望培植德、智、体、群、美五育兼具之英才，亦愿以各种学术活动及小区服务、贡献社会人权，并以客观执著之研究，致力于真理的追求及中西文化的交融，增进人类福祉，促进世界大同之目标。

辅大在培育人才方面，兼注通才与专才养成教育，由其致力人文精神的培养，使学生在课业之余，能有高尚的情操与丰富的人生。此外，为扩大接触层面，与多所外国知名大学缔结"姐妹校"关系，以增进文化交流，并提升学校的国际地位。

宗旨

辅仁大学

为追求真、善、美、圣全人教育之师生共同体

---

① 选自辅仁大学服务学习网。

致力于中华文化之交融

献身于学术研究与弘扬真理

以促使社会均衡发展及增进人类福祉

目标

（1）人性尊严。

肯定人性尊严与人生权利，

尊重学术自由与信仰自由。

（2）人生意义。

探讨生命意义，建立完整价值体系；

提升道德生活，重视各科专业伦理。

（3）学术研究。

专精学术研究，追求真知力行；

培育人文精神，推动知识整合。

（4）团体意识。

强化师生员工之良性互动，

培养群己关系之平衡发展。

（5）文化交流。

加强中西之文化交流，

促进理性与信仰交谈。

（6）宗教合作。

鼓励师生了解宗教信仰，

推动宗教交谈共融合作。

（7）服务人群。

秉持正义，发挥仁爱精神，

关怀社会，迈向世界大同。

以教学、研究、服务、行政各方面之努力

迈向整全卓越的大学

达到知人、知物、知天之合一理想

校史

辅仁大学于 1925 年由美国本笃会于北京创办，初期设大学预科名为"辅仁社"，1927 年北洋政府准予试办，正式更名为"辅仁大学"，取《论语》："以文会友，以友辅仁"之意。创立迄今已 90 载，海内外校友近 18 万人，于各领域中努力奉献，表现杰出，为辅仁奠定璀璨远景。

1963 年大学部于中国台湾地区新北市新庄区正式开始招生，自奉准复校迄 103 学年度，计有 11 个学院（文、教育、传播、医、艺术、理工、外语、民生、法律、社科、管理）、48 个日间学士班、47 个硕士班、23 个硕士在职专班、11 个博士班、16 个进修学士班及 1 个 2 年制在职专班。专任教师逾 700 人及职工近 600 人，在校学生逾 2 万 5 千人。

2. 课程概述

辅仁大学秉持学生全面发展的理想，对校内外的资源进行结构化与系统化的整合，推展和深耕服务学习，丰富学习与反思经验，拓展视野，落实服务精神，在服务学习培养学生自主学习与解决问题的能力，增进沟通合作与团队领导才能，蓄积改变世界的能量。

年轻人应用在学校学到的技能解决真实的议题，将制定的学习目的与真正的需求连接起来。他们与成年人像伙伴一样主导整个流程，应用重要的思考和解决的技巧去关心饥饿、污染等相关多元议题。

将人本关怀的服务精神融入与专业的陶冶之中，创造师生更深切的学习经验，引发更多的学习和反省；健全学生发展专业的全面关照，促进其周遭环境关怀，培养现代公民素养并发展其健康人格；以亲身实践强化学生的"情""意"和"态度"等方面的培养和锻炼；突破大学过度重视认知和技能方面学习的特点，以良好的价值建立和生命态度为培育焦点。

学习服务并重，以反省相互增强的渗透式教学法，学生从"做中学"的过程中培养健全的价值观和完善的社会关怀与公民意识；是一种从服务经验出发的教育，是一种具备多元连接的教育；重视平等互惠，肯定人性尊重，促进社会正义的教育实践知识整合导向的全人教育具体落实专业教育中，以改善社会造福人群为最终目标的知识本质。

1998 开始试办"企管系人生哲学体验实作单元"，开始进行与服务相关的课程，2004 年成立全校服务学习推展委员会，2008 年 8 月 1 日正式成立服务学习中心。2010 年 09 月学生自主团队海外服务学习联盟成立，共同推动国际志工服务。

现今已成为全校推广的整合性的跨院系动态课程，并进一步发展成为跨国服务的国际志工团队，自 2006 年暑假起，辅大师生组团前往加尔各答进行服务学习，2007 年开始外蒙古的服务学习计划，2011 年开发印度塔坝客家华人小区之服务团队，2013 年及 2014 年分别启动四川和缅甸腊戌服务学习团队，均获得深刻体验与丰硕成果。

3. 推动类型

（1）全人教育型：以实践型服务体验为全人教育基础课程（大学入门、人生哲学）。

（2）专业课程型：系所专业课程、各院自主推展模式、跨院系共同团队。

（3）整合发展型：服务学习与领导学程、小区在地化深耕经营、推动中小学扎根教育。

（4）学生自主型：行政单位志工团队、学术单位志工团队、使命单位志工团队。

（5）网络联结型：海内外研讨会、国际合作计划、区域伙伴结盟。

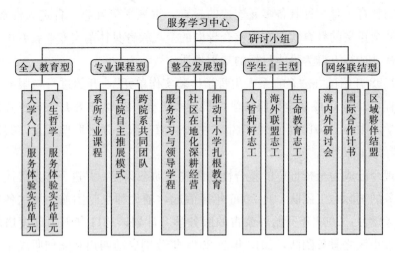

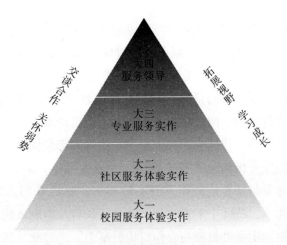

全人发展 服务实践

4. 服务—学习体验实作单元

大学入门

由学校的服务学习中心与各院大学入门课程教师共同合作规划四大服务方案，安排学生在校内进行为期 6~8 周，总计 8 小时之服务体验，并将其融入大学入门课程教案中，使同学在知识学习外增加对大学校园的体验与感受，创造更利于实践的基础，以发挥全人教育中通识课程的成效。

方案一"爱校服务"——由本校总务处、工友同仁指导，以校园景观维护与校园环境清洁维护两项服务项目为主，包含落叶清扫、草皮修剪、杂草清除、大楼服务、垃圾分类、厕所清洁服务等。

方案二"校园淤害防制倡导服务"——由本校学务处、教官指导，以本校校园巡察服务与校园临时吸烟区环境维护两项服务项目为主。

方案三"图书馆志工服务"——本校图书馆合作，依据图书馆服务指导安排之服务项目、服务内容进行服务。服务内容主要为图书上架整理、书架清洁等。

方案四"志工团队志工体验服务"——由行政单位、志工队指导，与本校进修宗辅芥子志工队合作，依据各志工团队提出的服务项目、服务计划进行服务。

方案五"授课教师自行规划之方案"——由授课教师自行规划服务方案，并安排服务机构。

人生哲学

辅仁大学大二至大三"人生哲学"课程搭配更具深度及广度的服务，培育学生至邻近小区及机构进行服务。安排学生每学期至少两次机会（6~8小时）至各机构做实地的志工服务，由服务学习中心培育之种子学生带领同学进行服务，主要内容有活动带领、计算机教学、协助喂食、肢体按摩、陪伴与关怀、课程协助、阅读辅导等，让同学秉持谦卑、勇气的态度，亲身去服务，亲自去体验。待同学回到课堂上，由老师带领同学进行更多的反省与分享。合作的服务机构包含身心障碍、儿童青少年、老人服务等3类27个机构。服务对象包括智能障碍及身心障碍者、脑性麻痹患者、唐氏综合征、发展迟缓儿童、特殊个案青少年、养护区长者及患麻风病的老人。服务学习中心每学期固定举办教师与合作机构分享会，透过此一活动让师生与机构之间有良好的对话及认识，并建立长期伙伴关系。

专业教育—专业服务实作型

专业课程指各系所开设之相关专业领域课程，每一门课皆特别设计安排服务小区之作业项目，促使学生应用课堂所学知能，以提升学习效果，在各个系所开设专业学科课程内施行，由课程教师于其教授学科中，和各小区团体之需求结合，运用课程专业知识与能力，以协助非营利机构、弱势团体发展的服务目的。期望借由发展各种形态之现场服务实践，培育学生将理论应用于小区服务中，并训练学生表达意见、组织、服务、沟通的能力及培养公民意识。

此类型采授课教师自主参加模式，独立或共组团队进行服务议题的方案设计，各系所专业课程教师可以独立或以系、院为单位，由教师在所教授学科内施行，或至少有3名教师、开设3门课程作为共同小区或共同议题方式规划，与各小区团体的需求结合，引导学生合作，将专业知识落实于现场，深化服务幅度与内涵；并陆续推动各院自主经营为主轴之服务学习模式，鼓励各院将专业课程主轴与服务学习结合，以师生共同体发展特色服务学习，卓越所学将专业素养贡献社会各界。服务的内容及议题涵盖语言教学、小区营造、家庭教育、弱势关怀等，服务地点近至校园内，远至新北市各区。近年来，向服务学习中心申请具服务学习内涵的专业课程数量约一学年在30~40门课之间。

5. 服务学习—各院自主推展模式

为推展以各院自主经营为主轴的服务学习模式，鼓励各院将专业课程主轴与服务学习结合，发展特色服务学习，持续推动并经营，以院为补助对象，鼓励各院统一安排所属各系课程规划。使服务学习与各院专业课程主轴、经营目标以及院内各系专业系统性相结合，实现参与系所、参与人数、参与方案的多元化。

院模式发展前后有五大学院（外语学院、民生学院、管理学院、理工学院、医学院）和19门课程，目前继续朝各院特色服务学习模式发展的目标前进。

外语学院"中华文化多语谈－意大利语"

结合志工培训及课程教学内容，教师在课程中教导学生如何以意大利语向意大利人介绍我国文化，从与外籍学生的讨论中了解我国文化与外国文化之异同，进而增进学生对于我国文化之认识。带领学生参访林柳新偶戏馆，使学生认识中、意偶戏之美，学习如何表演偶戏。在指定的时间到幼儿园担任志工，表演偶戏给小朋友观赏，发扬偶戏，以达到服务学习的目的。

"小树苗服务队－英文系"

英文系师生与南投县长福小学合作，建立"小树苗成长计划"。组成小学英语服务学习团队，定期开会分享心得，结合不同英语教学课程的教学资源，有效地进行小学英语教学的服务学习。每年暑假由老师带领该团队前往长福小学，进行为期两周的英语教学服务。通过教案的准备，加强乡村地区孩子的英语能力，并在培训活动的过程中，学生与孩子一同成长。

民生学院

课程以"全方位生活质量实践社群"为概念，内容包括婚姻教育与经营、教具制作与应用、衣服新素材应用与开发、食品新产品开发及绿色餐旅发展等与民生科技有关的多元内容；老师将服务学习的内涵设计入课程，在有限的经费下推动服务学习，以竞赛方式让学生至学校或小区进行绿色服务推广，跨出校园，将学生的服务与小区结合，通过课程中的服务学习，为学生提供一个知识分享与生活经验交流的平台，师生一同发掘学习的价值与乐趣，建立出独特的人际网络与互动关系，并发展出认同归属感。

管理学院

积极与社会企业建立互惠互动关系，推动服务学习。举办社会企业工作坊与演讲活动，让学生了解社会创新创业理念、组织背景、经营模式、资源发展等具体实例，在专业课程搭配下强化对社会企业实务之认知与能力；举行工作坊与演讲活动。按需求邀请社会企业业界导师提供学生服务学习的咨询及生涯发展相关的协助。

与管院发展社会企业目标结合，链接管院企管系的社会创新系列课程及社会企业专题，透过社会企业研究中心居中媒合协调，通过服务学习网络的推动，安排同学至加纳纳部落、吉拉卡样部落、加湾部落、邦查农场、富兴小区等来自不同取向的团体，发现社会的真正需求。带领学生走出学校，实地前往探查有助于学生亲身体认创设背景、地缘资源、生产流程、经运特色与挑战等，便于后续发展营销等专业企划；亲身与当地的人、事、物接触亦能激发学生致力于缩减城乡落差的服务情感联结，从第一手认识这种社会不平衡发展的前缘，借此加深同学对社会问题的体悟，产生更具人文关怀的商业思维。此计划提供学生以社会企业与创新为主轴进行专业服务学习，使学生毕业前有学以致用的机会，针对不一样的组织形态提供适切的规划，协助以提升社会福祉为导向的企业，强化其社会商品营销企划执行或提供有益于转型或新创之发展建议；并逐年增加合作机构。

艺术学院

艺术学院的课程强调以美学的社会实践为目标，并着重小区参与式服务学习课程，鼓励师生在教学与学习之余，投入社会文化艺术提升与改造的服务工作，使师生能尽到社会责任并发扬天主爱人助人的高贵情操。

（1）应美系：校园空间再利用项目研究及设计。

通过专业课程的讲授及操练，对教职员工生提供饮食生活的服务，以达成院发展特色与目标，以"全人教育"的理念为宗旨，特别重视人格教育，肯定人性尊严与人生价值，尊重学术与信仰自由。深入艺术学专业技能的教学与研究，增强实务应用的能力，强化科技与人文的良性整合，鼓励创新试探与新思维的拓展。投入社会文化艺术提升与改造之服务工作，善尽社会责任并发扬爱人助人的高贵情操。强化师生员工的良性互动以及群体与个人关系的平衡发展，凝聚优质的团队力量奉献人群。以应用美术系室内设计组的学术专业与实务经验，投入校园的空间再利用计划以提升教职员工生的饮食生活质量，建构优良的校园小区文化风格。

（2）音乐系：服务学习—爱心育幼院。

师生亲至爱心育幼院现场表演，演出团员共 24 位，借由表演艺术方式，启发孩童在心灵上的成长，演出内容为"绿野仙踪"，运用百老汇方式呈现，以轻松自然为主，主题浅显易懂，将欢乐带给院童，寓教于乐。

（3）景观设计系：芝山文化生态绿园的公共艺术导入小区。

社会科学院社会科学院具有强调思考、研究以及人文关怀的风气，也是与信仰、人、小区、社会接触密度最高的学院。此计划借由不同的形式将具备多元化的内涵融入各项课程、服务及活动：①透过整合服务学习课程，将服务学习的概念带入不同专业领域；②透过服务学习工作坊，让不同领域的教师将专业知识带入服务学习概念；③透过既有的小区网络，将服务学习、专业知识深化扎根。

在专业课程整合方面，此计划整合心理系、宗教系、社工系、社会系等专业领域，将专业课程导入实际的学习方案中。另外，将透过服务学习工作坊，让不同领域的专业概念对话。这些课程有三项重要主旨：①社会科学是研究人群的科学；②社会科学是以人和社会为中心的整合学问；③社会科学强调服务学习与反思性。因此，此次课程的整合充分表现出社会科学的特性。

教育学院

教育需要从小扎根，通过各种鼓励儿童与青少年学习的活动，让孩子在快乐的氛围下喜爱上阅读、自主学习。教育学院在服务学习的推展，主要透过在校学生所学的专业结合小区的活动来进行，让同学在专业课程学习之外亦能体会服务他人的精神，以及所学能带给幼小学童可贵知识的成长经验。阅读是一切知识来源的根本，阅读形式也相当多元，借由服务学习活动将不同形式的阅读信息与方法介绍给学童是相当重要的教育任务。

服务—学习与领导学程

服务—学习与领导学程的设立目的是为学生提供深入体验服务学习的机会，涵养学生系统思维及团队经营的领导能力、增进学生体察与关怀社会的感受力，并拥有积极的行动力，借此培育深度参与及推动服务学习之学生社群，以落实且强化本校全人教育之办学理念和特色。此课程设立于全人教育课程中心，本校服务学习委员会研议小组协助规划，并于 2009 年正式招生。规划 10 学分必修的核心课程，包括服务学习理论与实务（上学期）、服务与领导（上学期）、方案设计与项目管理（上学期）、社会关怀与实践（下学期）、多元智慧开发与学习（下学期）。

此外还有领导、方案管理、服务三个模块选修课程，计 10 学分。另外，学生须参与 200 小时的服务实践，包括 100 小时服务活动参与以及各 50 小时的服务方案执行与服务方案领导。

人哲服务学习种子队

人哲服务学习种子队是辅大的特色之一，在人生哲学课程设计里，老师会加入服务实践体验单元，每位学生必须有 6~8 小时服务经验。课程开始前，学生会事先了解服务学习的意义，再依个人的意愿选择服务机构。然而种子队在课程中担任学生的"小老师"一职。身为小老师的种子队在服务中同时也是陪伴者、观察者、协助者及示范者，他们积极参加培训活动，提升志工服务内涵与技能，并带领课程学生至各机构服务，成为机构与学生之间的桥梁，同时学习服务及领导的能力。

"没大没小"数字知识学堂

"没大没小"数字知识学堂创立于 2006 年，以网络虚拟社区的方式，进行人力、物力的整合，以推动学生阅读的项目。突破空间的限制，有效弥补城乡数字落差的缺口，促成大学生与小学生于网站平台上的知识与心灵交流，建立更绵密的虚拟互动学习网络。

基于促进大学生心智发展，培养其服务人群的精神和运用所学知识回馈社会的理念，整合因特网、多元化资源、多方面人脉，编派预算、整化服务课程所提出的一项以知识为基础的网络读书会深耕共学方案。

大学和小学为互动主体，在小学端，以小学班级为核心，建立阅读书籍的交换系统，通过书籍的流动与教案在平台上的流通，促进教师们的互动交流与学习成长；大学端则以服务方案为核心，引导大学生在线上与小学生互动，提升小学生的阅读兴趣。进一步拓展视野，促进多元化学习，通过在线平台的工具性与催化效果，达到师生教学相长、互通有无的成效。

以网络虚拟社区的方式，进行人力、物力的整合，推动学生阅读的项目计划。每个学期初，先由辅大学生认养苗栗县市小学 47 个班级，经由小学各班老师辅导小学生阅读书籍后，透过"没大没小"读书会的网络平台，大小朋友可以彼此分享交流阅读心得、意见，达到伴读效果。为了落实学生阅读教育政策推动，并同时将共读的书籍进行校际交流，学生每学期读 4～5本书后，能在网站上呈现个人阅读心得感想和创作，每个参与计划的教师、学生和伴读的大学生也能够在网络上透过文字响应的功能，和每一个爱书者交换心得或经验。

网络平台设计了教学和伴读支持系统，通过授权账号密码，让教师与伴读同学互相沟通或分享交学经验，进行有效的远程支持。与网络上许多读书会不同，数字知识学堂不但是信息化的数据库平台，更是累积和分享计划经验的"知识库平台"，也是以推动阅读教育为目标的老师和服务学习的大学生所建构的智慧平台。

辅仁大学志工服务内容

（1）校内志工：校内解说、节能减碳、清洁环保、卫生保健、捐血活动、反毒和禁烟宣传、招生倡导、新生注册、庆典服务、交通指挥及协助推动各教学或行政单位相关业务或活动。

（2）校外志工：弱势服务、监所辅育、学童课辅、偏乡服务、小区服务、社会福利、卫生保健、生态保育、国际服务及其合于本校志工服务之相关活动。

志工招募

资格：服务热诚，且身心状况足以担任该项服务工作者。

招募：每年由中心汇集本校各志工团队需求，定期办理一次联合招募；各志工团队如有特殊需求，得自行办理招募。

志工训练

基础训练：共计 12 小时，以培养志工志愿服务基本知识、哲理、伦理、技巧为主，由中心统一办理，训练成绩合格者，发给基础训练结业证明书。特殊训练：基础训练期满后，由各志工团队办理特殊服务讲习，以熟悉各志工团队业务，唯课程内容不得与内政部所订基础训练课程重复，且时数不得少于 12 小时，训练成绩合格者，发给特殊训练结业证明书。

进阶训练：参与志愿服务时数满 64 小时以上，或担任团队干部（含储备干部），由中心每学年举办 1 次志工干部研习（训练）营，提升志工团体组织的运作、经营及管理能力。

专业训练：由各志工团队依实际需要办理行前讲习；对于具专业性或殊异性的志工服务，由各志工团队予以专业训练，其训练时数得依实际需要增加之。

研讨与参访：由各志工团队与中心不定期办理研讨会，进行座谈、演讲及交换工作心得与经验，并鼓励参与社会志工组织之会议及参访校外优秀志工团体。

奖励物件：本校参与具服务学习内涵课程的学生，有特殊表现者；本校参与志工服务满1年以上之学生，并全程参与基础、特殊、进阶、专业等训练课程，领有研习证明，有特殊表现者。

选拔及推荐：服务学习绩优学生、志工服务绩优学生。

由本校服务学习中心邀集研讨小组组成选拔小组，中心主任为召集人，据以选拔本校服务学习及志工服务绩优学生（曾接受本项表扬之学生，次年不得接受遴选）。

奖励方法：获奖的绩优学生将获得奖状及奖章，并在校内公开表扬。

6.2.6 案例：成功大学[①]

课程概况

1998年6月成功大学正式成立"服务学习推动小组"，负责策划推动服务学习课程及相关工作。制定服务学习执行策略及相关法规；审议服务学习相关课程；规划办理师资培训及教学助理练习；规划办理服务学习的推广活动；检讨及评估服务学习执行成效，并提出改进策略；评选服务学习成效优良的教师、学生及行政人员；规划与整合校内外相关资源，开拓校内外接受服务的对象。

课程组织机构

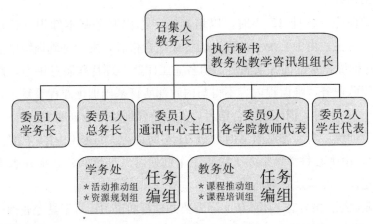

课程内容

（1）服务学习一：培养学生学习服务的精神、爱护环境以及培植生活的

---

① 选自成功大学服务学习网。

态度，课程以维护学校公共空间环境整洁为原则。

（2）服务学习二：以校内外具服务性内涵的工作为主，如课业辅导、参与系学会、营队、院系招生宣传或志工团体办理的活动。也可以从事公共空间的清洁维护工作。

（3）服务学习三：课程以融入学系专业性的服务为主。也可以进行校外社区服务，参与对弱势人群进行人文关怀的非营利机关的团体服务，对各中小学生进行课业辅导，与本校学生社团合作，或选修校内行政单位开设的服务学习课程。

（4）学士班学生修习服务学习一、服务学习二及服务学习三课程，各课程均为必修 0 学分，上课时间每学期不得低于 18 小时。每门课最低实际服务时间为 8 小时。学生于 1 年级修习服务学习一课程；服务学习二及三课程，则由各学系视课程规划的需要在 4 年级下学期以前开课。

（5）考评方式：依出席状况、工作态度及工作成果进行评价，包括优良、通过、不通过 3 个等级。不通过者必须重修；全部通过方可毕业。

（6）本校学生于申请校内各项奖学金与工读时，服务学习课程成绩被列为审查条件之一。服务学习课程成绩优良者优先申请工读。

（7）授课方式：除正常授课外，另要求修习学生进行 12 小时的机构服务，服务后撰写服务日志，课堂上老师带领同学进行反思活动、心得分享或报告，期末再整理相关资料（服务合约、服务日志、专书选读心得、服务照片等）成为服务学习卷宗。

学务处推动现况

通过协助开设服务学习概论课程，有组织的课程设计：准备—服务—反思—庆贺—评值等步骤，让同学"从做中学"，在服务实践的过程中，进行各专业多元整合，提升文化与人文的敏感度，认识不同区域群体资源分配的巨大差异，增加学生参与社会关怀的机会，进一步了解社会议题，了解社会正义。

服务学习三课程包括志工家教、扶根社课辅导、台东救星教养院志工、慈幼社—育幼、阅读志工、宿舍管理与服务、课堂里的字幕员协助听障生、资源教室志工认识身心障碍、关怀生命流浪动物服务志工、体育教育服务等多元化课程。并自 2008 年起，召开服务学习推动小组读书会，通过读书会相关文献的讨论与反思，激发成员不同角度的想法与创意。

通过课程设计进行课程成效评估及相关指标，学生将在服务的实务过程中深度学习，对在服务中遇到的困难，自发进行探索与了解，并与现实相连接，在日后应对及判断上更为精准。另外，通过服务座谈分享会及同学于课程中及服务后所交的心得作为评量的部分，将学习意义通过心得文字进行呈现与纪录。在分享会活动部分，通过活动参与人数及活动回馈问卷了解参与情形、满意程度及相关意见。

心得体会

服务学习教我的事

曹凯婷　国立成功大学中国文学系三年级

　　以前我以为志工就是服务学习，志愿服务就是目的，而自己有没有学到什么，并不是服务的重点。上过"服务学习理论与实践"课程，我才知道，原来"服务学习"并非"志工服务"，服务和学习同等重要，真正的服务学习是服务者与接受者双方经过沟通，了解对方的需求，从服务学习中互惠互利；老师也提醒我们，除了"互惠"，"反思"也是服务学习的过程中非常重要的一环。

　　经过教室里对观念的学习，我们参与服务，身体力行，前往德辉苑进行服务。我的个性虽然不算是内向，但和陌生的老人家搭话仍然不是一件简单的事，我硬着头皮开口讲不熟悉的方言，两个小时内讲的方言比我好几年讲的还多！一次、两次、三次……每次前往都要鼓起很大的勇气，跨出那一步，走向某位长者，问好，自我介绍，陪他聊天或是沉默，喂他喝牛奶，或是扶着她回房。最特别的是最后一次，我陪着奶奶坐在落地窗前等车，她不断重复"推轮椅回房收行李、推轮椅往落地窗前进、等待"这一系列的活动，我陪着她收行李，她说谢谢。我们虽然非本科系学生，专业技巧是不行的，但我们能够提升我们的价值，服务为我们带来的触动与反思，会内化成我们自己成长中重要的价值。那么我在课程中学到了什么呢？

　　在课程中发现老师和助教、学校端与机构端、机构内部社工与护理师之间的沟通都不太良好，使得我们的服务无法达到互惠互利的目的，反而可能让学生、长者双方感到困扰。这让我学到：良好的沟通是一切事情成功的关键。而在与长者接触的过程中，我渐渐地明白方言的重要，也开始开口，以前我对自己的方言能力不自信，不大敢说，但现在即便是乱七八糟的文法、八声调变成四声调，我还是愿意在日常生活中开口；与陌生的老人家相处两个小时，也是我人生中的一大课题，我常常不知如何是好，但是被逼得不得不硬着头皮做以后，即便每次前往服务都要做足心理准备，还要拉着同学陪伴，但我相信，这些都使我更有勇气，在未来面对难题的时候，再害怕，我都能更勇敢地面对。

我在德辉苑也看见了不同类型的人：有的长者成天只想睡觉，觉得生活无聊、没什么意思；有的长者，家属来访却在一旁滑手机；但也有些长者，被家人围绕，开心地跟我们分享儿孙的事情，或者做着自己喜欢的事情，自得其乐。我也从这些或无所事事，或自得其乐的爷爷奶奶身上，深深体会培养自己能够终生热爱的事情，并且准备好健康的身体，绝对是一件能够影响晚年的人生大事。

我曾经认为我所拥有的都是我自己努力得来的，没有任何人可以选择自己的家庭和环境，所有人的机会都是公平的；后来我渐渐发现，并不能这样简单地忽视我们所拥有的，许多要归因于其他人以及社会的帮助。"幸运的人要比别人付出更多，这样幸运才有了价值。"我期许自己无论在哪个位置，都能够尽我所能，关心弱势群体，为他们带来希望。我相信世上大部分的社会问题、家庭悲剧都来自社会、家庭。如果我们能够在自己的领域，努力为弱势的人多做一点点事情，让他们感觉被关心、被爱，让他们能够把眼睛从绝望挪开，看到希望，说不定能够在他们踏错的时候拉一把，让他们能够有不同的选择。

我要如何衡重我的人生？人生的价值不在金钱，不在拥有，而是能够付出多少——这就是服务学习教我的事。

E 化也能活络代间交流

曾靖珣　国立成功大学老年学研究所硕士

E 化老年生活社区健康促进，是这学期修的一堂服务学习课程。服务内容就如同课程名称，需将平板电脑带入社区，使高龄者接触 E 时代的玩物，并希望达到促进健康的目的。而我们第一次服务的社区，即是位于学校附近的国兴里。

准备期——既期待又怕受伤害

在学校时，为了使我们能早点进入状态，老师接连安排了两场高龄教育专家来替我们打强心针，从中正大学成教所的陈毓景老师和黄富顺老师的分享中我们得到了一些锦囊妙计。"对于高龄者，我们不能有位居上位教学下位者的想法，应该仍以'尊重长者、尊老敬贤'为前提来分享我们先学会的E化产品，并需不时的请教长者，请长者分享他们的专长或经验，彼此互相交流。"于是我们一行人就惦记着这锦囊，开始分批行动进行扫街式的招募行动和筹划活动。

服务期——既辛苦又有趣的 8 周课程

就在吴里长的大力帮忙下，我们成功招募了约 30 位超过 65 岁的长者参与课程。在这 8 周课程里，我们将主题大约规划为健康、娱乐、交通、通讯软件，并分别由不同的同学担任主持人教学，而其余同学则在台下担任小天使供长辈们随时发问。这堂课几乎就是个老年所整合型的课程，测试着我们上半学期的所学，虽然主要任务是对长者的平板教学，但是需要的基本技能如与长者的沟通技巧、了解高龄者的身心状况、面对高龄者的教学技巧等，处处都是考验。

反思——服务高龄者，异质性需摆第一

在这 8 周里，和不同长者密切接触，才实质性地了解到长者的异质性是多么的明显。不仅每位长者接收信息的速度、理解的程度不一样，思维模式也大不相同，对于同一个 APP 的教学，有的长辈玩得不亦乐乎，有的长辈觉得困难重重，种种的情况更是突显了和长者沟通时，在技巧的重要性。当长辈在操作平板上有困难时，台上的主持人和台下的小天使耐心和弹性的教学模式，则是长辈们失落与否的重要决定因子了。

成果——来自长辈笑容的成就感

在这 8 周的课程中，我们融入了 DIY 制作相片，明信片的课程元素，并于最后一周举办了成果发表会。不仅颁发了 8 周全勤奖状及结业证明书，更是将长辈自行制作的明信片印出送给他们。对于第二次世界大战后的婴儿潮出生的人们，"求学"是他们许多人心中永远的遗憾，因而长辈在一一上台领取结业证书及自己制作的名信片时，他们布满皱纹的脸颊，满足地拿着奖状微笑拍照的画面，着实感动着台下每位高学历的小天使。长辈的一句谢谢小天使以及满怀感恩的神情，更是给了我们莫大的正能量，先前几周辛苦筹备的疲惫都瞬间升华了，这样情感交流的感动是书本无法传递的，也更加深了服务性课程存在的必要性！

课程实例

志工家教服务学会

服务地点：台南市成功中学、延平中学、文贤中学

课程简介：由学生自主发起的课程，利用课余时间前往中小学校针对单亲、弱势家庭子女进行课程辅导，运用大学生的力量，透过服务学习，实地到中小学进行课业辅导，减少城乡贫富差距所造成的教育落差。以团体对团体的方式带动弱势族群的成长，同时让大学生多方面了解这个社会，了解自身的价值与所能做的贡献。

关怀与服务学会

服务地点：台东市救星教养院（为住宿型机构，院童多为重障碍孩童）

课程简介：本课程属于延续服务学习二，通过对身心障碍儿童的服务活动，协助学生认识社会的弱势群体，甚至将服务扩展到身心障碍儿童的家庭，对他们进行关怀与支持，让学生通过服务过程拓展学习生涯中的多元视野，深入思考自我人生的价值方向，学会对他人的关怀，确定价值观与人生方向，为未来在各自专业领域的发展做准备。

慈幼与服务学会

服务地点：阅读组——台南县竹浦小学

育幼组——台南县仁爱之家育幼院

课程简介：由本校具备 70 年历史的资深社团——慈幼社团主动发起，课程内容分为育幼组和阅读组，这有别于以往在校内的体验，在实际中组织学生前往社区，给需要的孩子提供帮助。

育幼组：课业辅导，心灵成长的陪伴，给小朋友最温暖的力量。

（1）结合服务学习让大学生有机会回馈社会。

（2）帮助小朋友克服学业上的难题。

（3）了解小朋友的心声，关怀他们并教导正确积极的观念。

阅读组：带领小朋友进入阅读的奇幻世界，进行创意思考。

（1）了解偏远地区小朋友的心声，关怀他们并教导正确积极的观念。

（2）提升小朋友对阅读的兴趣。

协爱与服务学会

服务地点：台南市海佃小学资源班、台南市开元小学资源班；台南市新

兴小学极重度班、台南市复兴中学极重度班。

课程简介：通过服务学习课程，促进学生对于身心障碍者的了解，通过实际的身心障碍活动体验、认识身心障碍的同学，了解他们在生活中可能面临的问题和环境空间给他们带来的不便，进而提供相关协助，培养同理心，互助学习，相互关心。经过课堂上理论与实际练习课程之后，前往服务小学进行实际勘察及观摩，了解课程的安排，了解校园无障碍环境的重要性。

关怀生命服务学会

服务地点：台南各公民营流浪动物服务团队

课程简介：由学生发起的，根据自身服务经验，规划了一连串深入浅出的课程，从教室内的教授开始，教导动物保护观念、TNR 实施原则，认识动物行为，避免因为缺乏经验而对同学或是动物造成伤害。接着以实际服务为承接，学以致用，组织学生到流浪狗收容所服务，了解相关机构对流浪动物问题的看法。出席流浪动物送养会协助送养，替流浪动物找到落脚之处，带领同学进入流浪动物志工的行列。

扶根与服务学会

服务地点：台南复兴中学、台南协进小学

课程简介：由本校扶根社与政府立案的勤桐慈善公益协会团体合作，通过对学童课业的辅导和贫户居家访视，促使大学生服务社会并解除社会各阶层，培养大学生服务贡献及知福惜福的观念，同时给予正确的服务概念，此外通过讲座和期末心得分享使学生能在服务社会的同时也能追求心灵的成长。

服务内容是利用期末时间，针对弱势家庭小朋友进行课后辅导，给予课业上的协助和关怀，实际前往社区服务，从过程激发思考并学习成长。

打字员服务学习

服务地点：成功大学校内课堂

课程简介：通过课程说明，了解听损学生在学习上的困难，讲授即时打字的功能和实际运用方法。安排学生实际到听损生课堂打字服务的过程中，体会无障碍精神在生活中实际的样貌和困难，进而养成迈向无障碍的同理和敏感，以及面对各种无障碍环境的开放思考。

休闲运动与服务学习

地点：台南市安养中心

课程简介：通过融合式的教学活动，由学生担任教学种子，教导社区长者运动防跌倒技巧，再与社区长者一同前往机构带领院内长者一同运动。利用大学生的朝气与活力带领长者们一同学习运动技巧，通过活动建立友谊并相互鼓励，达到培养老年人运动习惯的目的，并透过课程机会，认识老人的健康与社会福利，培养对他人的关怀。

课程流程：

大学生——大学生，社团长者——大学生，社团长者，院内长者。

中国台湾地区服务学习的启示

与美国服务学习不同，中国台湾地区高校的服务学习开展历史较短，其发展迅速的原因主要是近年来台湾地区相关机构的积极推动。台湾地区教育机构采取操作性强、效果明显的活动规划与经费支援，使得该地区高校的服务学习能够迅速推广并且取得良好效果。

此外，台湾地区将高校执行服务学习的情况纳入到相关的访视，并作为大学评鉴、通识教育评鉴、校务评鉴以及系所评鉴的考核指标，对服务学习实施成绩优良的学校、社团及个人进行奖励。这些举措都极大地推动了台湾地区各高校服务学习的发展。

台湾地区的服务学习设立专责机构进行负责，这为其服务学习的良好开展提供了组织保障。其次，与课程相结合为服务学习提供了良好的制度保障[①]。

台湾地区的服务学习内容丰富，灵活性强，注重反思总结，让学生在服务中更加深刻地了解社会；此外，学生的自主性在活动中体现得很强烈，服务学习多以小组为单位，老师只起到一定的引导作用，使学生的主观能动性得到充分的体现。

---

① 张非凡. 中国台湾地区高校服务学习研究.

第七章　服务学习在川大

7.1　服务学习与实践的关系

服务学习是把传统正规的课堂教学和社会服务体验相结合，具有使用实用性、渐进性的新型教育方式的特点；强调的是智慧、创造力和服务精神的统一。实践，是服务学习诞生伊始就不可或缺、独具特色的学习环节。

把实践加入到服务学习中，就拥有了理论基础。

研究证明，不同的学习方法[①]，产生不同的学习效果。经验学习占80％以上的比重，远远大于阅读、听讲等学习方法，因此可以有效促进知识学习。服务学习所倡导的理念：在做中学习，在服务中学习，可以促进学生：①实践前将知识有效整理、融会贯通；②实践中，认识自己的不足与优势，发挥潜能，与协作者进行探讨，增进理解；③实践后有效总结，巩固效果。研究证明，服务学习在其学术属性方面，既可以积极促进学生理解在课堂上学习的内容，又可以促进学生的心智健康发展。

另外，服务学习的社会属性也鼓励进行实践活动。无论是社区服务还是一般志愿行为，都是实践者社会责任感的体现，可以正面促进社会的良性发展，有着积极的社会意义，避免了闭门造车、纸上谈兵的弊端。

实践可以将课堂所学知识与实际工作进行深入有机的结合。用所学知识来指导实践，再利用实践来反思所学知识。在提升知识巩固程度和运用能力的同时，也给社区带来了很多好处。

"纸上得来终觉浅，绝知此事要躬行。"在研究服务学习的历史、概念、意义后，编者认为要运用这些理念贯彻服务学习的精神，实践活动是不可缺少的也是服务学习行为最重要的一环。

---

① http://www.sms.edu/servicelearning.

7.2　服务学习项目选择

当确定服务学习项目后，接下来不可避免地遇到实践课题选择的问题。在台湾地区出版的《大专校院服务——学习课程与活动参考手册》中曾经将服务学习划分为两大类型，即"与课程结合之模式"以及"与活动相结合之模式"。这两大类型概括了现阶段几乎所有的服务学习项目。"与课程结合之模式"指的是在美国广泛应用的从校级公共课程、通识课程以及专业课程三个方面来开展服务学习的模式。从服务学习的历史来看，这种模式也是服务学习诞生之初的模式定义。

然而在一些服务学习基础不深厚的国家，在开始时就尝试与课程结合的服务学习模式却有一定难度。于是在探索中，另一模式也应运而生，即"与活动相结合之模式"。这种活动模式是指通过非正式课程进行，例如服务性社团活动或其他校内外、海内外的志愿服务活动。在具体实践的探索中，由于不存在由政府、学校强制进行服务学习学分修习的环境[①]，进行课程申请代价较高。因而本次服务学习实践将采用与活动结合之模式。

四川大学在服务学习领域起步较晚，但发展迅速，有良好的开展活动基础和相关的配套支持。这里编者选择了其中具有代表性的服务学习活动——四川大学—香港理工大学灾后重建与管理学院开展的暑期支教活动进行展开分析讨论。

在确定了主要类型后，我们根据当前需要和客观基础进行具体实践课题的进一步选择。

客观基础包括：①社团举办活动的能力；②学生可投入的精力；③当地急需的服务项目；④学生的受教育程度等。

由于自然因素与地理隔绝，四川省贫富差距较大，很多地区中小学校师资紧俏，学生对知识的渴求与当地社区的欢迎催生了很多支教项目。四川大学拥有长期的支教活动传统，自 2008 年汶川地震以来，更多的学生自觉自发地走入支援落后地区乡镇中小学校的教育和教学管理工作的队列。然而，由于支教主体大学生群体普遍具有教育专业知识缺乏等问题，不具备教师需要的基本心理学素养和一般教学能力，因此具备相关知识但不能正确清晰地

---

① 代价包括：进行教师培训的花费，对学生额外的课业压力等。

传导；在与青少年交流时不能准确把握一般青少年心理状态，往往容易弱化教学效果，甚至产生矛盾，导致普通志愿活动效果不甚理想。这些原因催生了本次服务学习项目的确立。

四川大学灾后重建与管理学院的义梦协会是支教活动最富经验的组织者之一，该协会长期策划组织四川省境内的大型支教活动，有丰富的管理经验。其广泛的群众基础与专业的组织策划和宣传等团队使得服务学习项目的开展获得组织保障。而学院支持的社团活动资金使得服务学习项目的开展获得了资金保障。

在主题初步拟定后，接下来就要进行具体的服务学习实践策划，详细分析利弊并制定相对完善的规划。

7.3 服务学习实践策划

7.3.1 课题具体内容研究与分析

7.3.1.1 课题面临的问题

支教活动在大学生中已经十分普遍，大范围开展不成熟的支教活动无疑产生了很多问题，课程设计应该在重视学习效果的同时，重视服务的效果。即：在进行课程设计的同时，注意使得服务效果达到最大化。就本项目看来，在让学生具备各类专业知识的同时，能够解决现阶段支教活动中存在的问题。下面对这些问题进行简单总结。

1. 志愿者质量良莠不齐

具有专业知识的大学生可能并不具备教学能力，导致教学效果很差，甚至由于授课方式的原因使得受教育的中小学生产生厌学情绪，带来负面效果。

志愿者个人素质或政治不正确，由于对支教志愿者的天然仰慕情绪，给支教地区中小学生带来极其严重不可逆的"榜样作用"。

2. 志愿者极其组织组织策划不完善

由于策划不周全，在食宿、教学地点等问题与当地群众发生矛盾，甚至由于志愿者未能意识到支教本质，却具有天然的优越感引起被支教地区群众的反感，从而严重影响志愿者形象，对被支教地区产生不可逆的影响，如被支教区可能从此对支教行为产生排斥心理、对外界志愿者普遍存在偏见等，从而不利于当地教育的发展。

3. 当地青少年价值观、世界观受到冲击

一方面，由于当地条件限制，成长的青少年可能因醇厚的民风形成朴实、勤劳的个性，另一方面，一些毒品走私猖獗地区的青少年也可能受当地不良风气的影响，形成投机取巧、推崇暴力的价值观。

支教志愿者有推广社会主义核心价值观的责任。倡导富强、民主、文明、和谐，倡导自由、平等、公正、法治，倡导爱国、敬业、诚信、友善。这对于一些地区本身已经具备良好品德的青少年具有稳固作用，而对另一些地方风气彪悍的青少年，因为志愿者一般在当地儿童心中具有高大的形象，则可埋下的对抗各类不良影响向善的种子。

然而，由于一般支教志愿活动时间短、人数多，在推广核心价值观时，一般进行言传身教，讲故事、读书、玩游戏，等等。但是，当我们关注志愿者组织时，发现很多活动不但没有达到推广效果，反而产生了种种不良影响。

事实上，除了志愿者的优越帮扶心理倾向，天然的贫富差距，甚至志愿者不经意间流露的娇气和地方不适应性，都会在一定程度上对冲击到当地青少年的心灵产生负面影响。

其一，可能导致当地儿童仇视社会。是否要告诉一个生活贫困的人外界的丰富多彩，一直是一个存有争议的议题，有些人甚至把告知真相视为残忍。然而，支教的目的本身就不是当地民众一时一刻的幸福，而是志在提升当地视野，从而期冀促进其经济文化发展。所以，如何在外界文化对孩子可能带来的冲击下，使得三观尚未养成的青少年保有纯真快乐与对社会的希望，是值得思考的重大议题。

其二，可能导致当地儿童形成崇尚物质的价值观。

其三，可能导致当地儿童对本身文化的唾弃与对外来文化的盲目推崇，从侧面加速当地文化的流失。

7.3.1.2 现阶段支教教学内容问题

支教作为教育的延伸，很少有志愿活动会进行支教教学内容的研究。本章的目的即是对各类未定义定性的问题进行理论分析，从而指导支教活动，规避可能出现的问题。支教教学内容是不可忽视的重中之重。

由于支教教学主体是应试教育培养的学生，而且各类组织对支教的定义都是进行支援性教育，在支教教学内容的选择上，除具有调研、创新项目的团队，都会选择数学、语文、英语等科目进行简单教学；夹杂音乐、美术、体育科目，在应试教育背景下，其主要目的是调节气氛。

然而，大部分支教活动并非是以年为单位的正常教学，而是为期半个月的短期活动。与以教学为主要目的的支教行为相区分，我们不妨称其为体验式支教。体验式支教一般具有"浅尝辄止"的特点，对当地青少年的知识传授等影响并不突出，并且由于支教效果验收机制的缺乏（对学生进行测验），在教学方面的成绩一般并不突出。从最后支教效果的角度看，其主要作用目标在于教学人员即各类志愿者，而最终的效果也往往是志愿者获得了良好的体验，得到了各类升华，找到人生的价值等。

体验式支教是当前支教活动的主要形式。其时间短、人数多的特点导致其教学效果不显著。即使是德高望重的特级教师，也很难在短短半个月传输很多知识。

在支教总结中，此类支教往往将当地儿童游戏中、美术音乐课上的笑脸作为其志愿成果。然而，这些具有冲击力的所谓"笑容"的现实意义十分值得商榷。

"笑脸"作为志愿成果，具有很强的冲击力，一般不具有深入思考能力的人会受到感染并认可该活动。其之所以具有很强影响力，原因与各类宣传中由于没有教师双目含泪或是因为生活压力眉头深锁的青少年形象进行的鲜明对比具有很大关系。似乎只要把双目的泪水擦干，深锁的眉头抹平——即让当地儿童绽放出了由衷的笑容，支教的效果就达到了。

但是，当地青少年"不开心"的根本问题并没有解决，他们的"开心"只是因为在游戏中收获了快乐。

我们不否认"快乐"的价值，也不否定所有能为别人带来快乐的志愿者。也许当地青少年在支教总结视频中的"笑容"是因为受到社会的关爱而幸福的笑——这是只有支教志愿者能带来的"笑容"，我们可以说，支教活动具有效果，这种效果与到孤儿院进行志愿活动带来的效果并无二致。此外，视频中的"笑容"更可能是由于游戏本身激发儿童天性而产生的快乐，无论志愿者在场与否，无论支教宣传中的贫困青少年多么"羞涩忧郁"，儿童都可以在游戏中获得由衷的快乐。这个角度来看，我们所谓的"支教效果"根本不能说明对当地孩子的产生的实际影响。

当然，我们不否定"满足社会公民奉献欲望"的社会意义，但是支教活动，即使是体验式支教，在减少了人力、物力的基础上，只要选对方向，仍可以取得更好的效果。

7.3.2 策划方案

7.3.2.1 服务学习主题

本次服务——学习主题为在支教活动中进行学习。

7.3.2.1 项目背景

四川省的地理因素与历史因素导致其教学力量不均衡,教育薄弱地区改善教育的渴望成为支教活动社会背景。

四川大学暂时没有开设大规模服务学习课程,然而其对社团活动的开放态度和对学生社团的支持十分有利于服务学习项目的开展。四川大学鼓励学生社团开展各项活动,同时其活动申请制度在一定程度上保障了活动的安全性和执行效果,有利于服务学习这类范围大、耗时长、要求精细、效果显著的项目的开展。

与此同时,义梦协会作为拥有较多会员(近200名)、一定经济基础以及大型活动组织能力的社团,与当地社区保持了良好的关系,有利于服务学习实践环节的开展。

另外,一般的支教活动具有如下缺点:一是由于短期突击导致无法产生长期培养的效果,志愿者很容易遗忘基本的技能知识,浪费了社会资源;二是在培训内容上仅进行简单的知识讲述;三是缺少反馈机制。

而本次服务学习项目的确在履行社会责任的同时,由于服务学习项目本身的特色,更能取得其他一般志愿活动没有的效果。

7.3.2.3 社会服务的目标

本次服务学习的学习目标是教授基本支教知识和技能,使得参与课程的学生能够学习到相关知识,志愿者顺利进行支教活动,履行社会责任。

中国内地的志愿者培训多数是以项目为核心进行的,具有较强的针对性和专业性,可以在短时间内有效地提升志愿者的专业技能、技巧和相关专业知识水平,以达到可以成功完成服务要求的标准[①]。然而这种类型的学习训练的目标一般仅针对某项特定项目,其教授的知识一般不具有普适性,得到

---

① 张翠翠. 服务学习对志愿者培训体系建立的启示,[J] 广东青年干部学院学报,2007,(77).

的技能由于学习的速成性被遗忘的可能性很大。其培训时间也无法达到长效能力形成所需的长度，因而此类短期培训无法形成稳定有效的志愿者培训机制。而培训内容上缺少通用性的志愿服务理念的指导，考核评估往往缺少对培训的反馈，很难推动培训机制的进一步完备。

本次服务学习课程目标之一希望学生获得相应基本支教知识和技能的同时，借助服务学习的优势，增加培训时间和培训频率，使得志愿培训能够凭借专业的姿态、规律的开展时间固化为服务学习课程的重要模块，为广大学生提供学习培训、完善自我的平台。

1. 学术收获

学生将学习志愿的相关理论、教育教学需要的基本理论知识和接受工作方法，从而提高理论知识素养，在了解社会服务的价值的同时，充分了解教育工作及基本教学理念教学方法。

2. 能力提升

学生将接受人际交往、团体协作能力训练，开展相关实践。

7.3.2.4　项目运作方式

本次项目需要经过4个阶段：项目开展前的基础准备阶段、培训阶段、服务阶段以及反思阶段。在第一阶段主要进行策划的构想与编写。在第二阶段利用课堂，在教师讲授的基础上，增强学生的参与程度，如进行课上小活动、进行课堂交流讨论、注重课下自主准备等。第三阶段是服务学习的主体，即进行支教活动。最后阶段是学生提交书面反思报告并举办总结座谈会。

7.3.2.5　项目实施步骤

（1）第一阶段——人员组织与教师培训。

（2）第二阶段——进行具体课程设计。

（3）第三阶段——开始课程讲解。

（4）第四阶段——正式实践。

7.3.2.6　经费花费类型

（1）海报印制费。

（2）文件印制费。

（3）交通费（火车、大巴）。

（4）生活物资购买费（生活用品、食物等）。

7.3.2.7　活动时间与具体地点

本次活动由于各个阶段要求持续时间较长，从 3 月 1 号起正式确立服务学习项目的展开，预计 4 月 18 日—5 月 18 日进行课程培训，7 月 21 日—8 月 5 日进行支教实践，8 月 5 日—8 月 10 日进行活动总结。

具体活动地点为四川大学江安校区第一教学楼以及四川省凉山州布拖县。

7.3.2.8　对困难的预估及对策

（1）培训过程中出现的问题：培训参与不积极，参与程度不高。

（2）支教组织中出现的问题：①交通工具不稳定导致的延误问题。②当地居民干扰正常的活动开展。③生源不足问题。④支教人员生病受伤等健康问题。

（3）支教中出现的问题：①低年级的学生可能会出现上课注意力不集中，喜欢讲小话的问题。②上课枯燥，学生产生厌倦心理。③学生因语言问题听不懂，或不理解老师所讲的内容。④老师和学生之间的语言交流问题。⑤学生调皮，很难管理的问题。⑥老师的教学方法不妥当，不能联系学生实际的问题。⑦老师对学生的思想动态了解还不够，交流出现问题。⑧老师跟家长因文化差异交流困难的问题。

7.3.3　具体实施过程

7.3.3.1　第一阶段——人员组织与教师培训

（1）进行培训队伍的人员确定，在协会已有的会员中进行选拔。有意愿支教且为协会会员或干事的均有参加服务学习培训的资格。

（2）授课队伍的确定。在有经验有能力的支教队员中选拔授课人员。

（3）授课队伍的培训。由了解服务学习的老师对这部分人员进行集中培训。

7.3.3.2　第二阶段——进行具体课程设计

（1）确定授课方案。

（2）课程介绍以及理论综述。①课程安排介绍。②服务学习概念介绍。③交流对支教的看法认识。④支教宣传片放映。⑤对支教所需能力的讨论与总结。⑥分组。

（3）教育基础知识与授课技巧讲解。①第一节课作业讲评。②心理学知识教育学知识介绍与现场实践。③结合具体情况进行的支教模拟。

7.3.3.3 备课与授课

(1) 课程内容介绍。

(2) 如何用语言与行为进行价值观暗示。

(3) 备课方法概论。

(4) 备课/授课举例说明。

(5) 其他教学形式介绍与发散式作业。

7.3.3.4 团队建设与支教生活

(1) 第三节课优秀形式讨论。

(2) 与人相处注意事项和经验分享（包括与村民、学生、同事等）。

(3) 团队建设注意事项与经验分享。

(4) 个人生活（包括物质需求和精神诉求）。

(5) 即兴情景小剧。

7.3.3.5 反思与总结

(1) 前期准备。

(2) 反思报告的必要性与格式要求。

(3) 总结表彰大会。

7.3.3.3 第三阶段——正式实践

(1) 实践主题：服务学习——关爱贫困山区儿童，支援教育教学。

(2) 活动时间：2015 年 7 月 21 日—2015 年 8 月 5 日。

(3) 活动地点：四川省凉山州布拖县。

(4) 活动内容简介。

针对贫困山区孩子重点开展学业辅导、亲情陪伴活动。开设第一课堂、第二课堂、第三课堂。第一课堂包括语文、数学和英语三门基础课程的趣味教学，旨在通过改变传统授课方式来激发学生的课堂兴趣，为后期的基础课程学习打下坚实的基础。第二课堂包括素质拓展课程、体育课程和音乐美术课程，通过开展这三门课程，希望能够给学生单调的学习注入新鲜血液。通过素质拓展课程和体育课程让他们亲身参加一些素质拓展活动，在锻炼身体的同时能够明白团队精神的重要性，学到一些技巧。而音乐美术课程的目的在于让他们了解一些音乐美术方面的基础知识，在学习的同时陶冶情操。第三课堂包括卫生常识教育、心理健康教育活动、灾后重建常识以及艺术欣赏等人文方面知识，促进其身心和谐发展，培养其人文情怀。

（5）团队介绍：①成员名单；②团队分工。

团队设领队一名，负责对外沟通和对内统筹各服务实践点的工作。

A. 设临时校长一名，统筹本次活动的所有事宜。

B. 设教务主任一名，下辖若干教学组。负责本次活动的所有教学事宜，包括备课检查、课堂调整、课程安排、教学评估、教学管理、放假事宜以及教研会议的主持等等。

副主任一名，协助主任负责教务事宜。

C. 设后勤人员4名，其中部长1名，干事3名。负责所有人员的餐饮、食物采购、就寝、安全保障等。

D. 各班设班主任1名，负责各个班的教学、德育、课后交流以及家访事宜等。

E. 设信息官1名，负责活动跟进记录、照片采集、文案整理等。

F. 设财务官2名，负责每个团队的财务明细开支。

（6）活动内容。在为期半个月的暑期学业辅导、亲情陪伴活动中，设计课程有语文、数学、英语、美术、体育、音乐、素质拓展和课外常识等，旨在帮助辅导当地小学生，缓解教学资源贫乏的状况，培养小学生热爱学习、勤于思考的习惯，希望增长他们的知识，拓宽他们的眼界，帮助他们健康、快乐地成长。

此次支教的教学分为三个部分：第一课堂、第二课堂、第三课堂。第一课堂开设语文、英语、数学三门基础课程，旨在增加和巩固学生基础知识，提升学生的学习成绩。第二课堂开设音乐美术、体育、素质拓展三门文化素质课，旨在丰富学生的课堂内容，提升学生的文化素质水平。第三课堂开设灾后重建、泥石流及山体滑坡、地震、卫生常识、生活常识、心理健康教育、艺术欣赏、写作、表达的艺术等七门课程，旨在教授学生防灾减灾的知识以及生活常识，并且开阔学生的视野。每一门课程针对不同年级学生的知识基础均有不同的教学内容设计。

各课程教学目标如下所示。

语文：让学生初步接触语文，学会认识一些简单的拼音部首汉字，为以后更深层次的语文学习打下基础。

数学：通过对不同年级学生不同内容的授课，加强学生数学基础知识，为他们以后的学习打好基础，让学生感受到数学的乐趣。

英语：教孩子们认全26个字母，教授一些简单的单词和对话，培养孩子对于英语学习的兴趣。

体育：培养学生积极主动参与体育活动的热情，使他们掌握正确参与体育课的规范，构建起掌握基本体验运动技能，掌握运动中自我保护的能力。

音乐美术课：为教学辅助课程，能培养学生在常规学习之余的审美能力，一方面陶冶学生情操，另一方面拉近学生与老师们之间的距离，增进相互的了解。

第三课堂：共有表达的艺术篇、地震篇、泥石流及山体滑坡篇、生活常识篇、卫生常识篇、写作篇、心理健康教育活动篇、艺术欣赏篇、灾后重建篇等9门课程，可丰富学生的课外常识，提高相应能力，增进对突发事件的了解并掌握其处理办法，提升了孩子的应变能力和灵活性。在这次活动中，将会重点开展第三课堂的教学活动。

7.3.4　团队反思节选

7.3.4.1　在备课方面

认真备课，不但是"备"学生而且是"备"教材"备"教法。根据学生的实际情况，设计课程的类型，拟定采用的教学方法，并对教学过程的程序及时间安排都做详细的记录，认真写好教案。每一课都做到"有备而来"，每堂课都在课前做好充分的准备，并制作各种利于吸引学生注意力的趣味教具，课后及时对该堂课作出总结，写好教学后记，认真收集每课知识要点，归纳成集。一堂准备充分的课会令学生和老师都获益匪浅。备课老师胸有成竹，学生更容易理解。

7.3.4.2　在教学方面

以课堂教学为核心，课前认真钻研所要讲的内容，对教学内容做到心中有数。着重进行单元备课，掌握每一部分知识在整个教学目标当中的作用。和同组的老师共同探讨教学难点，共同解决课堂中出现的教学问题。运用生动的教学方法来激发学生的兴趣。

增强上课技能，提高教学质量，使讲解清晰化、条理化、准确化、条理化、准确化、情感化、生动化，做到线索清晰、层次分明、言简意赅、深入浅出。在课堂上特别注意调动学生的积极性，加强师生交流，充分发挥学生的主作用，让学生学得容易，学得轻松，学得愉快；注意精讲精练，在课堂上老师讲授尽量少，学生动口动手动脑尽量多；同时在每一堂课上都充分考虑不同层次的学生的学习需求和学习能力，让各个层次的学生都得到提高。

7.3.5　队员反思节选

当看到孩子无忧无虑地玩着闹着的时候，我打心底里为他们开心，当看到一张张稚朴的脸说着"我想爸爸妈妈"，我的心底里真不是滋味，小小年纪却过着没有父母照顾的留守儿童生活。我觉得这就是我们支教的一大使命，给他们带去拓展视野的机会，引导他们了解外面的世界，让他们视野开阔，追求更多的知识和见识，追寻更广的天空。我们不该让一张张纯真的面孔继续无知下去，我们要改变现状！这些孩子需要更好的教学资源，需要提高自己的见识，需要拓展视野，需要挣脱贫穷落后的束缚。我们要一起为孩子加油，一起为孩子努力！

——陈同学

其实在我眼里的支教，不仅仅是知识的传递而是教会他们如何去做人。大山里的孩子，他们父母在外打工，可能像小草一样被人遗忘，但是他们眼里闪烁的澄清打动了我的心。可能支教条件是艰苦的，交通艰难，食宿不便，但这些都阻挡不了我为带给孩子快乐的脚步。我想去播撒爱的种子，给他们带来快乐的雨露，这更是一次磨砺的机会，我作为一名高校的大学生有责任有义务去承担这样一个任务，我对去支教真心是很期待的，因为小朋友的世界洁白如纸，而我需要用短短15天时间为他们带来可以铭记一生的回忆，真的是非常值得且有意义的一件事，在此我也要感谢义梦协会给我这样一次机会！谢谢！

——刘同学

为什么支教？

支教是许多人一直以来的梦，对我也是如此。

我一直都想做一名老师，将自己理解掌握的知识毫无保留地教给其他人。我也一直想帮助一些处在困境中的人，力所能及地帮助。

所以，支教是我这两个心愿的完美契合点。

或许，当下很多人开始怀疑短期支教的用处，认为大学生志愿者带来的只是短暂的娱乐与各取所需的利益。但是，我的内心一直从未动摇。或许短暂的15天我并不能很好地教会孩子们丰富的知识。或许，短暂的15天，我并不能改变什么。但是我相信，我会尽我所能使孩子们意识到：

只有知识才能改变命运，他们的人生才刚开始。

自己儿时所遭受的苦难，绝不能让后代也是如此。

世界这么大，他们也会想去看看的。

支教的心态：

让别人因我的存在而感到幸福。

——张同学

这是人生中第一次支教，对我而言意义非凡。以前总把支教想得很神圣美好，然而，当亲身经历过后，才真正理解了个中滋味。

　　我是怀着一颗激动的心走进大凉山的，支教之前在脑海中设想过很多山里的艰苦场景和我们会遇到的问题，没想到第一天就给了我当头一棒。校长模棱两可的态度，刚刚一支支教队伍的离开，孩子对他们的不舍与挂念，都给我们的支教工作带来了阻碍。在我不知所措的时候，会长淡定地告诉我，一切都会好的，不要着急。也许是因为有经验的会长在我们队让我们觉得安心，亦或因为他的自信冷静给我们信心，大家还是满怀希望和斗志地投入支教中。真正的支教就这样开始了。从最初来的孩子仅有个位数到最后有60多位，从与他们有距离到最后打成一片，从对环境的不适应到最后舍不得离开，从面对孩子的调皮毫无头绪到后来慢慢能镇住场面，经历了很多，也成长了很多。在与孩子的相处中，我的迁就让我一度拿他们没办法，会长提醒我要与他们打成一片，但不能被他们打倒，我开始变得有些严厉，不再答应他们的所有要求，做得不对就批评。事实证明，孩子需要这样的相处，我既是他们没有距离的朋友，也是他们必须听话的姐姐。在教学过程中，第一堂课教的英语单词有点难，之前没有考虑到孩子的基础，孩子的反应不是很好，之后的讲课中，我开始学会照顾每个孩子的感受，尽量关注每个孩子，尤其是默默听课不敢说话的孩子，备课时也根据孩子的理解程度准备，后来的课，孩子的反映还不错。这些是我最大的收获，我学会了怎样和孩子相处，怎样讲出他们感兴趣的课。当然，支教带给我的不只是这些，我还结交了一帮志趣相投的朋友。作为一个10人的团队，我们一起相处了十几天，是人生很难得的经历。一间教室的大通铺，一起做饭吃饭洗碗，一起讨论，一起上课，一起种菜，一起和孩子玩，我们由陌生到熟路，由寡言到不拘，一起经历的这些天将是一段很难忘的时光，这些人也将是很好的同行者。

　　如果现在有人问我支教到底有没有意义，我会说支教没有那么神圣，我们不能在短短的十几天教会他们什么，也不会改变他们多少，我们带给他们的可能只是一段美好的时光与回忆，让他们能认识来自山外的我们，能拥有一份特殊的友谊，能感受到我们给的温暖和关怀。对于孩子来说，我们的关爱可能会在他们心里泛起涟漪，最起码让他们觉得生活的美好，让他们更好地向前，能让他们带着被爱的心继续生活，这就是支教最大的意义。可能收获最大的还是作为支教者的我们吧。对自己的历练，学会克服艰苦的环境，培养自己的适应能力和好心态，这些都是显性的收获。我想说的是，支教会潜移默化地改变我们的心态，让支教者的爱心扩大，我们学会了去爱、去包容，慢慢地，这种爱就会从对山区孩子放大到对身边的人。学会爱别人时，我们就学会了更好地生活。

关于支教是个需要不断探索的问题，如何让支教工作更体系化，支教队伍更精良化，需要更多人投入时间和精力去体会总结，希望能有越来越多的志愿者投入支教工作，探索出更多的支教出路。

——贺同学

附件一　课程安排大纲

（1）支教课程安排介绍。

①综述本次服务学习课程安排、考核标准、课程参与和支教实践的关系。

②解答相关问题。

（2）服务学习概念的介绍。

（3）放映支教视频，引导大家思考自己为什么去支教，以及了解支教的意义等。

（4）写下自己参与支教的目的、心态和期待。

（5）理想与现实的碰撞。

①对支教的批判认识。

②讲述支教中的震撼小故事。

③遇到的困难与所需能力总结。

（6）引出团队建设，确定团队制度（讲座式），确定每个队员的任务、例会制度、财务制度、奖惩机制。

附件二　团队建设

（1）在 10 个小组基础上，进行再一次分组，共分为 7 个小队。

（2）小队成员只包含确定参加暑期支教活动的人员。

（3）将一个小组的成员优先分为一个小队。

（4）小组长参加支教的，自动成为小队长。

（5）小组长不参加支教的，从干事中选拔小队长。

（6）小队长为暂定职位，进行通知和管理协调。表现优异者，直接成为支教小队小队长。

团队培训结束合影

附件三 支教的课程设计之卫生常识的设计

1. 教学大纲

（1）教学目标。

通过对个人卫生、常见的卫生疾病等的学习，增加对多方面的卫生常识的认识，提高对健康生活的认识，有利于学生的健康成长。

（2）教学模式。

从生活中的例子引入，进行简单的科普理论知识的学习，最后将这些知识应用到实际生活中。

（3）课程安排。

①正课安排

A. 一到三年级：A. 讲解常识（20～25分钟）

　　　　　　　　B. 亲身体验（10～15分钟）

B. 四到六年级：A. 讲解常识（20～25分钟）

　　　　　　　　B. 亲身体验（10～15分钟）

　　　　　　　　C. 提问交流（5～10分钟）

2. 具体内容

（1）个人卫生。

（2）常见的卫生疾病。

（3）运动与身体——骨骼与肌肉。

（4）运动与身体——呼吸和血液循环。

（5）生理——了解自己的身体。

（6）生理——生理常识。

3. 课程安排

第一课时：个人卫生。

（1）课程目的：通过本课程的学习让同学们认识到个人卫生的重要性，学习正确的洗手方式和用眼卫生。

（2）具体安排。

①洗手：（30分钟）

A. 先问同学们平时是如何洗手的。

B. 让大家讨论什么样的洗手方式才是正确的。

C. 然后给同学们介绍正确的洗手方法。

正确洗手需要同时满足以下4条标准：

吃东西前、上厕所后、干完活或下班后、接触钱币后、去医院或接触病人后等5种情境下每次都洗手；

洗手时使用流动水冲洗；

洗手时使用肥皂、香皂、洗手液等清洁用品；

洗手时长不少于20秒。

正确洗手方法如下所示。

第一步洗手掌：流水湿润双手，涂抹洗手液（或肥皂），掌心相对，手指并拢相互揉搓。

第二步洗背侧指缝：手心对手背沿指缝相互揉搓，双手交换进行。

第三步洗掌侧指缝：掌心相对，双手交叉沿指缝相互揉搓。

第四步洗大拇指：手握另一手大拇指旋转揉搓，双手交换进行。

第五步洗指背：弯曲各手指关节，半握拳把指背放在另一手掌心旋转揉搓，双手交换进行。

第六步洗指尖：弯曲各手指关节，把指尖合拢在另一手掌心旋转揉搓，双手交换进行。

第七步洗手腕：揉搓手腕、手臂，双手交换进行。

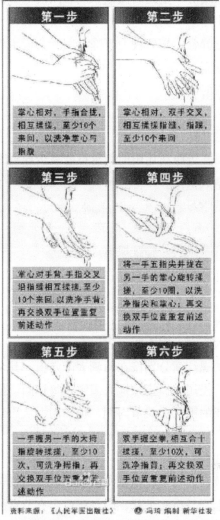

D. 让同学们按照讲解的方法进行学习，老师做动作教学生，然后可以找做得标准的同学进行示范，对表现优秀的同学可以进行奖励。

E. 讲解养成良好的洗手习惯，是预防经手传播疾病的有效手段。

②用眼卫生（20分钟）

让同学们讨论眼睛的重要性，引入用眼卫生这个话题。

首先问同学们平时都是怎样保护眼睛的，然后具体讲解用眼卫生。

在合适的光线亮度下学习：大多数情况下，视力下降与光线不佳有关，尤其是与用眼强度很大的学习环境光线不佳有关。很多时候光线太暗，但光线太亮的情况也很普遍（如白天靠近窗口的阳光、晚上台灯下的光线）。

端正近距离用眼姿势：走路时阅读、躺着阅读等不良习惯都会增加眼的调节负担，尤其是中小学生的眼球正处于发育阶段，长时间的不良用眼姿势容易引起眼球的发育异常，导致视力下降。因此，近距离用眼时，身体应保持静止状态，坐姿端正。

缩短近距离用眼时间。

主动放松眼睛。

进行用眼卫生的总结。

概括起来就是：在近距离用眼时，尽可能减少导致眼疲劳的因素；其他时间，应主动让眼睛放松。

进行眼保健操的学习。

闭眼。

第一节　按揉耳垂眼穴，脚趾抓地。

用双手大拇指和食指的螺纹面捏住耳垂正中的眼穴，其余三指自然并拢弯曲。伴随音乐口令，用大拇指和食指有节奏地揉捏穴位，同时用双脚全部脚趾做抓地运动，每拍一次，做四个八拍。

第二节　按揉太阳穴，刮上眼眶。

用双手大拇指的螺纹面分别按在两侧太阳穴上，其余手指自然放松、弯曲。伴随音乐口令，先用大拇指按揉太阳穴，每拍圈，揉四圈。然后，大拇指不动，用双手食指的第二个关节内侧，稍加用力从眉刮至眉梢，两个节拍刮一次，连刮两次。如此交替，做四个八拍。

第三节　按揉四白穴。

用双手食指螺纹面分别按在两侧穴位上，大拇指抵在下颌凹陷处，其余手指自然放松、握起，呈空心拳状。随音乐口令有节奏的按揉穴位，每拍一圈，做四个八拍。

第四节　按揉风池穴。

用双手食指和中指的螺纹面分别按在两侧穴位上，其余三指自然放松。随音乐口令有节奏地按揉穴位。每拍一圈，做四个八拍。

第五节　按头部督脉穴。

双手曲状按压在头部督脉穴上四次，从前往后，手指放松。随音乐每拍按揉一次，做四个八拍。